15,50 €

LAS CUATRO SENDAS DEL CHAMÁN

LAS CUATRO SENDAS DEL CHAMÁN

El guerrero, el sanador,
el vidente y el maestro

ANGELES ARRIEN

Primera edición: noviembre de 2015
Cuarta reimpresión: octubre de 2023

Título original: *The four-fold way*

Traducción: Miguel Iribarren

Diseño de cubierta: Miguel Ángel Parreño

© Angeles Arrien, 1993
Esta edición se publica por acuerdo con Harper San Francisco, una división de HarperCollins Publishers, Inc.

De la presente edición en castellano:
© Distribuciones Alfaomega S.L., Gaia Ediciones, 1998, 2019
 Alquimia, 6
 28933 Móstoles (Madrid) - España
 Tel.: 91 617 08 67
 e-mail: grupogaia@grupogaia.es - www.grupogaia.es

Depósito Legal: M. 33.578-2015
I.S.B.N.: 978-84-8445-585-1

Impreso en España por: Artes Gráficas COFÁS, S.A.

Cualquier forma de reproducción, distribución, comunicación pública o transformación de esta obra solo puede ser realizada con la autorización de sus titulares, salvo excepción prevista por la ley. Diríjase a CEDRO (Centro Español de Derechos Reprográficos, www.cedro.org) si necesita fotocopiar o escanear algún fragmento de esta obra.

Eleva tus plegarias al cuervo.
Al cuervo que es,
al cuervo que fue,
y al cuervo que siempre será.
Eleva tus plegarias al cuervo.
Cuervo, tráenos suerte.

>De los koyukon, *Canción del cuervo*

*Para mi padre,
Salvador Arrien,*

cuyo espíritu pionero le trajo de los Pirineos españoles a los valles de Idaho. Fue pastor durante más de veinte años, y su profunda conexión con la naturaleza le dotó de un aire tranquilo y contenido, y de una incuestionable fuerza de carácter. Era un hombre respetado cuya fuerte presencia e inamovible integridad inspiraron excelencia.

ÍNDICE

Reconocimientos 13
Declaración 17

Introducción 19

La senda del guerrero 29

Mostrarse y elegir estar presente 31
Herramientas de poder del guerrero 40
La conexión del guerrero con la naturaleza 44
Cómo se revela el guerrero/líder no manifestado: Los aspectos sombríos del arquetipo del guerrero, el niño herido del Norte 47
Procesos y recordatorios: prácticas importantes para desarrollar el guerrero interno 50
Resumen del arquetipo del guerrero 53

La senda del sanador 59

Presta atención a lo que tiene corazón y significado 61
Herramientas de poder del sanador 66
La conexión del sanador con la naturaleza 73
Cómo se revela el sanador no manifestado: Los aspectos sombríos del arquetipo del sanador, el niño herido del Sur 75
Procesos y recordatorios: Prácticas importantes para desarrollar el sanador interno 79
Resumen del arquetipo del sanador 83

La senda del vidente 87

Di la verdad sin culpabilidad ni juicio 89
Herramientas de poder del vidente 94

La conexión del vidente con la naturaleza 101
Cómo se revela el vidente no manifestado: Aspectos sombríos
    del arquetipo del vidente, el niño herido del Este 102
Procesos y recordatorios: Prácticas importantes para desarrollar
    el vidente interno 108
Resumen del arquetipo del vidente 111

La senda del maestro 115

Permanece abierto al resultado, no atado a él 117
Herramientas de poder del maestro 124
La conexión del maestro con la naturaleza 126
Cómo se revela el maestro no manifestado: Los aspectos sombríos
    del arquetipo del maestro, el niño herido del Oeste 127
Procesos y recordatorios: Prácticas importantes para desarrollar
    el maestro interno 130
Resumen del arquetipo del maestro 133

Conclusión 137

Apéndices 143

Apéndice A: Carta internacional de los derechos humanos de Eleanor
    Roosevelt 145
Apéndice B: Consejo Mundial de los Pueblos Indígenas: Declaración
    de principios 157
Apéndice C: Haudenosaunee, o las Seis Naciones de la Confederación
    Iroquesa, declaración al mundo, Mayo de 1979 161
Apéndice D: El uso del término «nativo americano» 167
Apéndice E: El viaje del tambor 169

Lista de ilustraciones 183

RECONOCIMIENTOS

$\mathbf{M}$E SIENTO agradecida a mis antepasados y a mi familia por proporcionarme un legado tan rico. Sus contribuciones y su espíritu de pioneros vascos me han llevado a permanecer conectada con la naturaleza y a tener un puente entre mi antiguo origen y los tiempos contemporáneos. A causa de esta influencia, los estudios del cuádruple sendero que ofrezco están destinados a honrar las sabidurías perennes de los pueblos indígenas de todos los continentes, de forma que sus legados no se pierdan y puedan contribuir al cuidado y vigilancia de nuestra Madre Tierra.

Son muchos los que han manifestado su apoyo al estudio del cuádruple sendero y a la publicación de este libro. Me siento muy agradecida a las personas y organizaciones que han hecho posible que estos estudios tuvieran lugar en entornos naturales, entre ellos a: Bob Mosly y Jo Norris, del Rim Institute, y Brugh Joy, de Moonfire Lodge, Arizona; Nancee y Hugh Redmond, del Transformational Arts Institute de Redlands, California; Sylvia Lafair y Herb Kaufman, de Creative Energy Options de Philadelphia, Pennsylvania; Fritz y Viviene Hull y Elizabeth Campbell, de Chinook Learning Center, Whidbey Island, Washington; Susan Osborn, David Densmore y Donna Laslo, de Songhouse Productions, Eastsound, Washington; Kit Wilson y Greta Holmes, de Phoenix, Arizona; Dwight Judy y Bob Schmitt, del Institute of Transpersonal Psychology; las comunidades de Mount Madonna Center y Esalen Institute en el área de la bahía de Monterrey, y los colegas profesionales y amigos que han apoyado e inspirado mi trabajo, especialmente Christina y Stan Grof, Frances Vaughan y Roger Walsh, Frank Lawlis y Jeanne Achterber, Brooke Medicine Eagle, Leslie Gray, Luisah Teisch y Michael Harner.

A todos mis estudiantes que han participado en el estudio del cuádruple sendero; a mis estudiantes y colegas del California Institute of Integral Studies, de San Francisco, California, y al Institute of Transpersonal Psychology de Palo Alto, California; siento que las enseñanzas recibidas en nuestro aprendizaje y crecimiento compartido me enriquecen constantemente. Me siento especialmente agradecida a Phyllis Green por su persistencia a la hora de establecer el primer grupo piloto del cuádruple sendero, y a Jim Dincalci por sintetizar las notas y el material de mis clases sobre sanación intercultural que establecieron la estructura básica de esta formación.

No hubiera podido desarrollar este programa educativo sin la ayuda de Twainhart Hill y Carolyn Cappai. Sus excelentes dotes administrativas, su apoyo y la calidad de su trabajo a lo largo de cuatro años y medio de supervisión logística del programa de formación y del funcionamiento de mi oficina han hecho que todo sea posible. El campamento base de todos los retiros en la naturaleza que forman parte de la formación anual ha estado atendido por Nancy Feehan y Kim Cottingham. Además, Nancy explora la zona para estas experiencias y Kim es la cocinera. Los programas de formación residenciales han recibido el apoyo logístico de Jane McKean, y han contado sobre el terreno con la calidad del trabajo, las consultas y la contribución del equipo de mantenimiento y de percusión compuesto en diferentes ocasiones por Mo Maxfield, June Steiner, Peter Lyon, Judy Ostrow, Nancy Feehan y Paul Hinckley.

Este libro abarca algunos de los principios básicos que se encuentran en el programa de formación del cuádruple sendero. Estoy profundamente agradecida a mi apoderado Brad Bunnin, y a mi editor de Harper San Francisco, Mark Salzwedel. Estos caballeros reconocieron y apoyaron la visión contenida en este libro. El resto del personal de Harper también colaboró en la puesta al día del libro de diversas formas, por lo que amplío mi agradecimiento sincero a Michael Toms, Dean Burrell, Jeff Campbell, Jamie Sue Brooks, Adrian Morgan, Naomi Lucks, Robin Seaman, Judith Beck y Bill Turner.

En los primeros estadios de la escritura de este libro conté con el apoyo de Kathy Altman, que me ayudó a ver las posibilidades contenidas en este trabajo. Además, me siento muy agradecida por haber contado con la paciencia y la destreza de Diane Smith, que pasó horas frente al ordenador mecanografiando los manuscritos. Connie King, con sus excelentes dotes para el diseño, me ayudó a seleccionar e integrar muestras de arte rupestre de todo el mundo. Dibujó y sintetizó el material que se encuentra dentro de los dibujos circulares de cada capítulo. Twainhart Hill fue responsable de reunir los múltiples detalles asociados con la preparación de este material. Ella y Rosalyn Miller dedicaron muchas horas a la consecución de los permisos.

Siento respeto por la primera y segunda generación de los pueblos étnicos del mundo por ser los constructores del puente. Espero que este libro inspire a sus lectores y practicantes a honrar sus orígenes y los motive a dejar tras ellos un rico legado a los hijos de la tierra y las generaciones futuras.

Angeles Arrien
Sausalito, California
1992

DECLARACIÓN*

Nosotros, los Pueblos Indígenas del Mundo, unidos en esta esquina de nuestra Madre Tierra en una gran asamblea de sabios, declaramos a todas las naciones:

Nos vanagloriamos de nuestro orgulloso pasado:
> cuando la tierra era nuestra madre nutricia,
> cuando el cielo nocturno formaba nuestro techo común,
> cuando el sol y la luna eran nuestros padres,
> cuando todos éramos hermanos y hermanas,
> cuando nuestras grandes civilizaciones crecieron bajo el sol,
> cuando nuestros jefes y ancianos eran grandes líderes,
> cuando la justicia regulaba la Ley y su ejecución.

Entonces llegaron otros pueblos:
> sedientos de sangre, de oro, de tierra y de riquezas,
> llevando consigo la cruz y la espada, una en cada mano,
> sin conocer ni desear aprender los caminos de nuestros mundos,
> consideraron que estábamos por debajo de los animales,
> nos robaron nuestra tierra y nos separaron de ella,
> esclavizaron a los hijos del sol.

Sin embargo, no han sido capaces de eliminarnos,
> ni de borrar la memoria de lo que fuimos,
> porque somos la cultura de la tierra y el cielo,
> procedemos de una antigua estirpe y somos millones,
> y aunque todo nuestro universo haya sido expoliado,
> nuestra gente seguirá viviendo,
> más allá incluso del reino de la muerte.

---

* *Fuente*: Douglas E. Sanders, *The Formation of the World Council of Indigenous Peoples*, IWGIA documento núm. 29, 1977. Esta declaración alcanzó el acuerdo de los delegados de la primera conferencia internacional de pueblos indígenas en Port Alberni, British Columbia, en 1975, que llevó al establecimiento del Consejo Mundial de Pueblos Indígenas (WCIP).

Ahora venimos desde las cuatro esquinas de la tierra,
    y protestamos ante el cónclave de naciones
    porque «nosotros somos los pueblos indígenas,
    los que mantenemos una conciencia cultural y popular
    en los límites fronterizos de cada nación que es
    considerada marginal por la ciudadanía de cada país».

Y levantándonos después de siglos de opresión,
    evocando la grandeza de nuestros antepasados,
    en recuerdo de nuestros mártires indígenas,
    y honrando el consejo de sabios ancianos:

Hacemos voto de volver a controlar nuestro destino, y
    de recuperar nuestra plena condición humana, y
    de sentirnos orgullosos de ser indígenas.

INTRODUCCIÓN

Los pueblos indígenas son una de las voces de conciencia más persistentes
del mundo, que alertan a la humanidad
de los peligros de la destrucción medioambiental.
Y mientras el mundo busca alternativas estratégicas
para tratar los problemas globales, se dirige
cada vez más a los pueblos indígenas. Gran parte de su
respeto por la naturaleza, de sus métodos de gestión de recursos,
organización social, valores y cultura están encontrando eco
en los escritos de científicos, filósofos, políticos y pensadores.

JULIAN BURGER, *The Gaia Atlas of First Peoples:*
A Future for the Indigenous World

Actualmente es imperativo prestar atención a los problemas ecológicos. Nuestro planeta, la casa en que vivimos, corre el peligro de hacerse inhabitable fundamentalmente a causa de la negligencia de nuestra sociedad industrializada. Está claro que debemos emprender algunos cambios antes de que sea demasiado tarde.

Nuestra palabra *ecología* procede del griego *oikos*, que significa «casa». Conforme nos aproximamos al siglo XXI, es un deber de todos los seres humanos prestar atención a la salud de nuestra casa «interna» y de la «externa»: la casa interna que está dentro de nosotros, el mundo interno ilimitado, y la casa externa del mundo en el que vivimos cada día. En nuestra sociedad contemporánea hay mucha gente que no percibe ninguna conexión entre ambos mundos; una situación que los indígenas —los pueblos de nuestro planeta que han permanecido en contacto con la tierra y cuyas culturas tienen su origen miles de años atrás— no solo encontrarían triste, sino incomprensible. En *Voices of the First Day*, Robert Lawlor cita un proverbio de los ancianos aborígenes: «Dicen que hemos estado aquí durante 60.000 años, pero en realidad llevamos mucho más tiempo. Hemos estado aquí desde antes de que empezara el tiempo. Hemos salido directamente del tiempo del sueño de nuestros antepasados. Hemos vivido y mantenido la tierra como era aquel Primer Día». Actualmente podemos acudir a estos pueblos para que nos enseñen a seguir cuidando de la tierra como si fuera aquel primer día. Su sabiduría ancestral y universal puede ayudarnos a restaurar el equilibrio dentro de nuestra propia naturaleza y a reequilibrar las necesidades del entorno natural.

Vivimos en una era que está pidiendo un «nuevo orden

mundial». En realidad, nuestro mundo actual está compuesto por cuatro mundos diferentes: (1) los países altamente industrializados del Primer Mundo, como los Estados Unidos y los países de Europa Occidental; (2) el Segundo Mundo del bloque de antiguos países socialistas; (3) los países en vías de desarrollo del Tercer Mundo, como Brasil o Tailandia, y (4) el Cuarto Mundo, que según nos explica Georges Manuel, del Consejo Mundial de Pueblos Indígenas, en el *Gaia Atlas of First Peoples,* es el «nombre dado a los pueblos indígenas descendientes de los aborígenes de un país y que actualmente están total o parcialmente despojados del derecho a sus propios territorios y riquezas. Los pueblos del Cuarto Mundo tienen muy poca o ninguna influencia en el Estado nacional al que pertenecen». Las diferencias entre estos mundos pueden ser expresadas de manera muy simple: el Primero, Segundo y Tercer Mundos creen que «la tierra pertenece a la gente»; el Cuarto Mundo cree que «la gente pertenece a la tierra». Se podrá establecer un nuevo orden una vez que los cuatro mundos hayan creado un puente entre ellos que sea verdaderamente curativo. Quizá este puente sea el lugar de encuentro en que los cuatro mundos converjan y se unan en la labor de sanar y restaurar la Madre Tierra.

Para la gente de los tres primeros mundos, el primer paso y el más crucial a la hora de crear un «nuevo orden mundial» sano consiste en comprender y aceptar las creencias del Cuarto Mundo. Esto puede parecer imposible, pero no lo es. El punto de encuentro, la interfase, entre los mundos no es rígido ni impenetrable. Como explica el conocido psicólogo William Bridges: lugar de encuentro significa «donde la superficie de una cosa se encuentra con la superficie de la otra. Tiene menos que ver con una línea divisoria que con una membrana permeable, y lo que ocurre en las áreas comunes es el juego compartido, la comunicación, la influencia mutua que sucede entre sociedades... que son vecinas. El lugar de encuentro es donde se establecen las relaciones necesarias para la supervivencia en un mundo de creciente interdependencia».

Convertirnos en maestros del cambio

Para mucha gente, los ideales de la revolución industrial —más progreso, más desarrollo y mayor riqueza— ya no son relevantes, y sin embargo, parece que no somos capaces de abandonarlos. Pero si hemos de sobrevivir en el siglo XXI, debemos reconsiderar nuestras prioridades.

En *Dreaming the Dark,* Starhawk nos recuerda que «la energía dirigida es la causante de los cambios. Para ser íntegros, debemos reconocer que nuestras elecciones tienen consecuencias y que no podemos escapar a la responsabilidad de estas consecuencias, no porque nos sean impuestas por una autoridad externa, sino porque son inherentes a las elecciones mismas». Las culturas indígenas y orientales han reconocido desde hace mucho tiempo que la única constante es el cambio, y que el principio de interdependencia es esencial para la supervivencia. Entre los pueblos tribales, los hombres y mujeres hechiceros, jefes, chamanes, maestros y videntes, son los «maestros del cambio», término introducido por Rosabeth Moss Kanter en su libro, de 1985, *The Change Masters*. Las tradiciones chamánicas, practicadas por los pueblos agrícolas e indígenas de todo el mundo, nos recuerdan que durante siglos los seres humanos han utilizado la sabiduría de la naturaleza y del ritual para favorecer el cambio y las transiciones existenciales, en lugar de ignorar o negar los procesos vitales, como tantas veces hacemos.

Nuestra sociedad, como muchas otras sociedades occidentales, está alienada de sus raíces mitológicas. En la introducción a la obra de Arnold Van Gennep, *Rites of Passage*, Salon Kimbala sugiere: «Puede que una de las dimensiones de la enfermedad mental surja porque un número cada vez mayor de individuos se ven forzados a practicar sus tradiciones solos, con símbolos privados». Este proceso de alienación puede aliviarse si volvemos a retomar los senderos de nuestros antepasados. David Feinstein, en un artículo publicado en el *American Journal of Orthopsychiatry*, nos recuerda que la renovación requiere una vuelta a la fuente básica en la que se forjan todos los mitos personales y culturales, la psique humana.

Sea como sea el mundo en el que vivimos actualmente, todos somos hijos de la tierra y estamos interconectados por nuestra mutua humanidad. Cuando escuchamos a los pueblos indígenas, estamos escuchando a nuestras más antiguas identidades. Las culturas indígenas utilizan las estructuras míticas y la incorporación en la vida diaria del arte, la ciencia, la música, el ritual y el teatro, para favorecer el cambio y la sanación, las transiciones y los ritos de paso. Cada cultura del mundo tiene canciones, bailes y relatos, y estas son prácticas a las que todos tenemos acceso. También tenemos acceso a cuatro arquetipos internos, o modelos de comportamiento humano, que están presentes en la estructura mítica de todas las sociedades del planeta.

Vivir el cuádruple sendero

> Abuelo, Gran Espíritu… Tú has establecido que los poderes de los cuatro cuartos de la tierra se entrecrucen. Me has hecho andar por el buen camino y por el camino difícil, y el lugar donde ambos se cruzan es sagrado. Un día tras otro, para siempre jamás, eres la vida de las cosas.
>
> BLACK ELK, sioux oglala
> (Nerburn, *Native American Wisdom*)

Mi investigación ha demostrado que prácticamente todas las tradiciones chamánicas se basan en el poder de cuatro arquetipos para proponer una vida de armonía y equilibrio con el entorno y con nuestra naturaleza interna: el guerrero, el sanador, el vidente y el maestro. Como cada arquetipo se sirve de las raíces míticas más profundas de la humanidad, nosotros también podemos conectar con su sabiduría. Cuando aprendamos a vivir estos arquetipos dentro de nosotros, comenzaremos a sanarnos y a sanar nuestro fragmentado mundo.

Los cuatro principios siguientes, basado cada uno de ellos en un arquetipo, componen lo que llamo el cuádruple sendero:

1. *Muéstrate, o elige estar presente*. Estar presentes nos permite acceder a los recursos humanos del poder, la presencia y la comunicación. Esta es la senda del guerrero.
2. *Presta atención a lo que tiene corazón y significado*. Prestar atención nos abre a los recursos humanos del amor, la gratitud, el reconocimiento y la validación. Esta es la senda del sanador.
3. *Di la verdad sin culpabilidad ni juicio*. Decir la verdad sin emitir juicios nos hace ser auténticos y desarrolla nuestra visión interna e intuición. Este es el camino del vidente.
4. *Permanece abierto al resultado, no atado a él*. La apertura y el desapego nos ayudan a recuperar recursos humanos como la sabiduría y la objetividad. Este es el camino del maestro.

Cuando comprendemos estas experiencias universales, nos hacemos más capaces de respetar los diversos caminos que usan las diversas culturas para expresar estos temas comunes. Aunque casi todas las tradiciones chamánicas resaltan el papel de estos cuatro arquetipos, es importante entender que son universales y están disponibles para toda la humanidad, sea cual sea su contexto, cultura, estructura y práctica. En nuestra sociedad expresamos la vía del guerrero a través de nuestras dotes de liderazgo. Expresamos la vía del sanador a través de nuestras actitudes hacia nuestra propia salud y la salud del entorno. Expresamos el sendero del vidente a través de nuestra creatividad personal, y de nuestra habilidad para plasmar nuestros sueños y visiones en el mundo. Expresamos el camino del maestro a través de nuestra comunicación constructiva y de nuestra capacidad de informar.

Cómo usar este libro

En muchas tradiciones chamánicas se considera que la salud óptima es equiparable a la expresión equilibrada de estos cuatro arquetipos. Los pueblos indígenas consideran que estar equilibrado en estas cuatro áreas es de una importancia vital: dirigir o liderar, sanar, desarrollar la visión y enseñar. Sin embargo, para la mayoría de la gente, este equilibrio está muy alejado de la realidad. La mayoría tendemos a expresarnos excesivamente en una de estas áreas mientras dejamos las demás sin desarrollar. Tómate un momento para evaluar tu propio equilibrio. ¿Te consideras un guerrero, un sanador, un vidente o un maestro?

Si piensas que eres un guerrero o líder, por ejemplo, ¿te sientes plenamente competente en esta área o crees que las capacidades del vidente te ayudarían a expresar mejor tus visiones sobre las cosas? ¿Te ayudarían las habilidades del sanador a trabajar con la gente de una manera más cooperativa y menos competitiva? ¿Te servirían las dotes del maestro para abrirte hacia nuevas direcciones que aún no has considerado? En este libro exploraremos formas de estar receptivo a todo el poder de cada uno de estos senderos.

Este libro está dividido en cuatro partes. Dentro de cada parte exploraremos la teoría y práctica de cada arquetipo. La teoría abarca los principios que dirigen cada arquetipo, las herramientas que puedes utilizar para adiestrarte en ese campo, la forma de entrar en contacto con el arquetipo a través de la naturaleza y un análisis de cómo podrías estar expresando sus aspectos negativos, lo que el psicólogo Carl Jung llamó la *sombra*.

La sección práctica incluye una explicación de la postura física que te permite expresar el arquetipo con tu cuerpo además de con tu mente, y una serie de preguntas para ayudarte a seguir explorando por tu cuenta. Estas preguntas están diseñadas para emprender la búsqueda del arquetipo que duerme dentro de ti. No temas aventurarte en áreas desconocidas, poco claras, inexploradas o inexpresadas. Usa las preguntas de la manera que quieras. Si llevas un diario, puede que desees escribirlas allí. Si meditas, puedes decidir meditar sobre ellas. Por favor, plantéate y responde las preguntas muchas veces; tus respuestas comenzarán a cambiar a medida que los arquetipos empiecen a desarrollarse y encuentren expresión dentro de ti. Finalmente, cada sección acaba con un resumen y un cuadro que muestra las asociaciones naturales de cada arquetipo.

El arte rupestre y sus antiquísimos diseños han sido seleccionados para ilustrar el libro porque están presentes en todos los continentes. Estos diseños, que parecen al mismo tiempo antiguos y modernos, nos sirven a todos para recordar los orígenes profundos de la humanidad.

Mi investigación y las de muchos otros me han mostrado que el pensamiento de los pueblos indígenas de todas partes es notablemente consistente. Este libro no tiene la intención de ser una referencia erudita, sino una vía de acceso a la conciencia del Cuarto Mundo para la gente de los tres primeros. Por esta razón, hago referencia a las ideas y verdades interculturales a lo largo de todo el libro.

Embarcarse en el cuádruple sendero

La espiritualidad es la forma más alta de conciencia política. Los pueblos aborígenes de Occidente se encuentran entre los supervivientes que poseen esta clase de conciencia. Están aquí para transmitir su mensaje. Es importante que lo escuchemos y lo usemos sabiamente mientras hacemos la entrada en el siglo XXI, que será el momento adecuado para tender un puente que traiga la antigua sabiduría al entramado creativo de los tiempos contemporáneos.

LA SENDA DEL GUERRERO

> La gente es como bolsas de té.
> Descubres lo fuertes que son
> cuando las sumerges en agua caliente.
> ANÓNIMO

Dirección: Norte
Elemento: Aire
Criatura: Las criaturas aladas
Recurso humano: El poder
Tipo de meditación: De pie
Forma de vida: Acción justa
Cuádruple sendero: Mostrarse
Bálsamo curativo: Bailar
Instrumento: Las maracas
Estación: El invierno

A nivel transcultural, los distintos pueblos indígenas tienen muchos puntos de vista diferentes respecto a las direcciones y a las estaciones, pero la mayoría de ellos las ven tal como las presentamos aquí.

Mostrarse y elegir estar presente

Las sociedades indígenas de todo el mundo vinculan el proceso de desarrollar el propio poder y la fortaleza con el mito del guerrero y su expresión arquetípica. A lo largo de la historia, a los hombres y mujeres que han explorado el camino del guerrero se les ha llamado líderes, protectores, brujos, aventureros y exploradores. En la sociedad occidental contemporánea, convertirse en un líder eficaz en cualquier campo de actuación implica desarrollar el guerrero interno.

El principio que guía al guerrero es el de *mostrarse y elegir estar presente*. El guerrero maduro muestra *honor y respeto* por todas las cosas, emplea la *comunicación juiciosa*, establece *límites y fronteras*, es *responsable y disciplinado*, demuestra un *uso correcto del poder* y entiende *los tres poderes universales*.

Honor y respeto

Quizá el aspecto más importante del guerrero sea su destreza para expresar honor y respeto. Honor es la capacidad de mostrar respeto a otro individuo. Nos hacemos honorables cuando nuestra capacidad de mostrar respeto se expresa y fortalece. El término *respeto* procede de la palabra latina *respicere*, que significa «la voluntad o disposición de volver a mirar». El guerrero está dispuesto a echar una segunda mirada en lugar de aferrarse a una visión particular de una situación o individuo.

Si queremos acceder al arquetipo del guerrero y convertirnos en líderes eficaces, debemos estar dispuestos a examinar nuestras numerosas habilidades reales en lugar de fijarnos únicamente en uno o quizá en dos aspectos de aquel que creemos ser. Los líderes que disfrutan del éxito son capaces de apreciar la diversidad dentro de sí mismos y de los demás. Por ejemplo, el entrenador de un equipo competitivo consigue lo mejor de los jugadores poniéndolos en posiciones diferentes para que puedan desarrollar su potencial, en lugar de insistir en que jueguen en el puesto para el que fueron contratados.

Cuando estamos dispuestos a mirar de nuevo, demostramos respeto. Esto nos permite estar abiertos y ser flexibles con nosotros mismos y con los demás.

> ... externamente, él permanece preparado para acudir ante cualquier llamada al servicio, y por dentro, lucha por realizar el camino... Dentro de su corazón se adhiere al sendero de la paz, pero por fuera mantiene sus armas preparadas.
>
> RYUSAKU TSUNODA, *Sources of Japanese Tradition*

Comunicación juiciosa

El guerrero adiestrado, que sabe demostrar honor y respeto, comienza a valorar el arte de la *comunicación*. El líder eficaz mantiene la coherencia entre sus palabras y sus acciones.

Existen dos causas que producen todas las confusiones: no decir lo que pensamos y no hacer lo que decimos. Cuando decimos lo que pensamos y hacemos lo que decimos, nos volvemos dignos de confianza. Muchas sociedades indígenas reconocen que la falta de alineamiento entre la palabra y la acción siempre produce una pérdida de poder y eficacia. El jefe Toro Sentado, citado en el primer volumen del libro de Roger Moody, *The Indigenous Voice*, describe lo que ocurre cuando no se muestra respeto y cuando las palabras y las acciones no son coherentes entre sí:

> ¿Qué tratado ha roto el piel roja que el hombre blanco haya mantenido? Ninguno.
>
> ¿Qué tratado que el hombre blanco haya hecho con nosotros ha mantenido? Ninguno.

> Cuando yo era niño los sioux eran los dueños del mundo; el sol salía y se ponía en sus tierras; enviaban a diez mil hombres a la batalla. ¿Dónde están ahora los guerreros? ¿Quién los mató? ¿Dónde están nuestras tierras? ¿Quién es su dueño? ¿Qué hombre blanco puede decir que yo he robado su tierra o un penique de su dinero? Sin embargo, dicen que soy un ladrón. ¿A qué mujer blanca, aunque estuviese sola, insulté o hice prisionera? Sin embargo, dicen que soy un indio malo. ¿Qué hombre blanco me ha visto borracho alguna vez? ¿Quién ha venido a mí hambriento y no ha sido alimentado? ¿Quién me ha visto alguna vez pegar a mis esposas o abusar de mis hijos? ¿Qué ley he roto? ¿Estoy equivocado por amar a los míos? ¿Soy malo por tener la piel roja, porque soy un sioux; porque nací donde mi padre vivió; porque moriría por mi pueblo y por mi país?

Independientemente de nuestra identidad cultural, es importante reexaminar qué acuerdos personales y profesionales hemos mantenido y respetado, y cuáles hemos roto. Los niños reconocen la importancia de conservar la confianza mutua y de respetar los acuerdos cuando nos dicen: «Pero ¡has roto tu promesa!».

Límites y fronteras

Otro aspecto de la comunicación que es necesario en el líder eficaz es la capacidad de entender la diferencia entre el *sí* y el *no*. Estas dos palabras delimitan nuestros límites y fronteras: lo que estamos dispuestos y lo que no estamos dispuestos a hacer. Cuando decimos «sí» pero queremos decir «no», perdemos nuestro poder personal y nos convertimos en víctimas o mártires. Cuando decimos «no» a alguien, pero sabemos que la situación exige de nosotros un «sí», nos mostramos vengativos o egoístas.

Desgraciadamente, la mente occidental suele creer que la palabra «sí» significa «me gustas y estoy de acuerdo contigo», y que la palabra «no» significa «te rechazo» o «estoy en desacuerdo contigo». Pero la mayoría de la gente del mundo no occidental no recubre estas palabras de una intención emocional. Se dan cuenta de que el «sí» reconoce un punto de vista o perspectiva pero no significa necesariamente acuerdo; y de que el «no» simplemente respeta un límite o frontera e indica la capacidad de respetar lo que uno está o no está dispuesto a hacer en ese momento.

La senda del guerrero exige que honremos y respetemos nuestros límites y fronteras personales y también los límites y fronteras de los demás. El líder eficaz sabe ser un negociador flexible porque es capaz de decir: «No, esto es un límite», o «Sí, esto es algo que estoy dispuesto a hacer», según sea apropiado.

> Nunca pases tiempo con gente que no te respeta.
>
> Proverbio maorí
> (FELDMAN, *A World Treasury*)

Responsabilidad y disciplina

El guerrero también debe ser consciente y comprender las causas y efectos de las acciones que emprende o deja de emprender. A esta capacidad de prestar atención se le llama responsabilidad, «la habilidad de responder». *El libro de las mutaciones* o el *I Ching*, nos recuerda que «el suceso no es lo importante, sino la respuesta que damos en cada caso». La responsabilidad no es solo la habilidad de responder a lo que viene a nosotros, también es la capacidad de reivindicar nuestras acciones y de ser responsables de todo lo que hacemos o dejamos de hacer. Esto implica no negarnos la verdad a nosotros mismos ni ser indulgentes. Nuestra capacidad de responder impecablemente y con integridad a los eventos que creamos es lo que nos lleva al terreno del guerrero.

Este aspecto de la responsabilidad es la *disciplina*. La disciplina es el proceso de encarar la vida directamente y de actuar sin prisa. La palabra «disciplina» en realidad significa «ser discípulo de uno mismo». Cuando somos discípulos de nosotros mismos respetamos nuestro propio ritmo, nuestra naturaleza progresiva. Es más fácil que nos desviemos de nuestro curso cuando tenemos demasiadas

> ... de sus espadas harán rejas de arado y de sus lanzas, hoces. No alzarán la espada unos contra otros, ni se ejercitarán en la guerra.
>
> ISAÍAS 2:4

cosas que hacer o cuando no tenemos las suficientes. Estas ocasiones deben actuar como recordatorios para disciplinarnos y para no avanzar a toda prisa, sino paso a paso.

La disciplina y la responsabilidad son las herramientas de que dispone el guerrero para honrar el equilibrio entre estructura y función. Los pueblos aborígenes saben que un exceso de estructura o forma lleva a la rigidez y a la calcificación, mientras que un exceso de función o la creatividad desordenada llevan al caos. En Oriente, el equilibrio entre estructura y función se expresa en la metáfora de la caña de bambú: la capacidad de ser firme y ceder al mismo tiempo. Las antiguas sociedades reconocen la estructura y la función propias de la naturaleza, y están comprometidas con el mantenimiento y recuperación del equilibrio natural. El sendero del guerrero es respetar y proteger la estructura y la función de la Madre Naturaleza. Cuando nos convertimos en cuidadores de la tierra, entramos en contacto con el arquetipo del guerrero y asumimos responsabilidad por el uso que hacemos del poder.

El libro de Thomas Cleary, *Zen Lessons: The Art of Leadership*, es una colección de enseñanzas políticas, sociales y psicológicas procedente de los adeptos del Zen chino (Chan) de la dinastía Song. En él se nos recuerda que si acatamos los tres «noes» del líder, no solo actuaremos de forma responsable, sino que también honraremos los procesos de disciplina propios de todas las estructuras y funciones:

> Existen tres «noes» que determinan la eficacia de un líder:
> Cuando hay demasiado que hacer, no tengas miedo;
> cuando no haya nada que hacer, no te apresures; y
> no opines sobre lo que está bien y lo que está mal.
> Un líder que cumple estas tres reglas no se sentirá confuso ni engañado por los objetos externos.

Cuando aplicamos esta directriz de los tres «noes» a nuestra vida, ponemos disciplina y responsabilidad en todo lo que hacemos y honramos así los aspectos inherentes de estructura y función.

La imperfección fatal es creer que puedes ser perfecto. Creer que puedes ser invulnerable es la vulnerabilidad última. Ser un guerrero no significa ganar, ni siquiera tener éxito. Significa arriesgarse y fracasar, y volver a arriesgarse, mientras vivas…

Yo… pregunto a los hombres: «¿A quién elegirías como compañero guerrero?».
… Y la mayoría de ellos eligen inequívocamente al hermano David Steindl-Rast, el monje benedictino de buen corazón.

¿Por qué?

«Porque él no se apoyaba en los demás».

«Tenía una fortaleza interna».

«Podías confiar en que él llevaría su propio peso».

«Era sincero consigo mismo».

RICHARD HECKLER,
In Search of the Warrior Spirit

El uso justo del poder

El desafío de cada guerrero y líder es *el uso justo del poder*. Para los pueblos aborígenes del continente americano las palabras *poder* y *medicina* son sinónimos. Cuando expresamos plenamente quiénes somos, se dice que estamos «llenos de poder» y «expresando nuestra medicina».

El poder es un recurso humano que suele equipararse con el uso de la energía o de la fuerza que hace uno mismo o los demás. Cuando demostramos nuestro poder, nadie puede impedirnos hacer algo. Nos liberamos de las actitudes que nos empequeñecen y es menos probable que aceptemos que los demás nos impongan sus opiniones sobre lo que podemos y no podemos hacer. A nivel mitológico, las sugerencias problemáticas que nos repetimos a nosotros mismos o que damos a los demás se denominan *hechizos*; son conjuros mágicos que gobiernan nuestro comportamiento. Los hechizos más comunes son expresiones como: «no puedo», «ojalá tuviera», «algún día yo...», «si pudiera...». La obra maestra de Lewis Carroll, *A través del espejo* (cita tomada del libro de Van Ekeren, *The Speaker's Sourcebook*), contiene una conversación entre Alicia y la reina. La reina, al estilo guerrero, reconoce su propio poder personal y no permite que los hechizos autoimpuestos ni las sugerencias de los demás interfieran con lo que hay que hacer. Insiste en la necesidad de soñar el sueño imposible:

> «¡No puedo creerlo!», dijo Alicia.
> «¿No puedes?», repitió la reina con un tono apenado. «Vuelve a intentarlo, respira hondo y cierra los ojos».
> Alicia se rió. «De nada sirve intentarlo», dijo. «Una no puede creer en cosas imposibles».
> «Yo diría que no has practicado mucho», dijo la reina. «Cuando yo tenía tu edad, siempre lo hacía durante media hora al día. A veces he creído hasta seis cosas imposibles antes del desayuno».

Muchas sociedades indígenas creen que todos tenemos nuestra «medicina original»: nuestro poder personal del que no se puede encontrar un duplicado en ningún lugar del planeta. No existen dos individuos que tengan la misma combinación de talentos ni de aspectos problemáticos; por tanto, cuando nos comparamos con los demás, los pueblos aborígenes lo ven como una señal de que no creemos en nuestra medicina original. Esta creencia no solo nos afecta a nosotros, sino que se extiende hacia el mundo. No «estar en nuestra medicina» o no expresar nuestro poder en el mundo impide que la sanación llegue a la Madre Naturaleza y a todas sus criaturas.

Las sociedades orientales honran el uso justo del poder por medio de la práctica de las artes marciales y del trabajo con el *ki* o *ch'i*, el poder derivado de la fuerza de vida. En *Zen Lessons*, de Cleary, a cada líder se le recuerdan los ingredientes necesarios para hacer un uso correcto del poder: «El cuerpo del liderazgo tiene cuatro miembros: iluminación y virtud, discurso y acción, humanidad y justicia, etiqueta y ley». El arquetipo del guerrero requiere que usemos el poder de una manera iluminada que exprese integridad, coherencia entre discurso y acción, honor y respeto, y que sirva a la humanidad de manera justa. El líder que espera lo mejor de los demás es el que obtendrá mejores resultados. El uso justo del poder nos fortalece y también fortalece a los demás.

Los tres poderes universales

Mi investigación ha mostrado que existen tres tipos de poder universal: el poder de la presencia, el poder de la comunicación y el poder de la posición. La gente de las sociedades chamánicas cree que la persona que tiene los tres poderes encarna la «gran medicina» y no puede ser ignorada.

Tres individuos famosos que poseyeron estos poderes y se sirvieron de la estructura mítica y del arquetipo del guerrero/líder son: Eleanor Roosevelt, Gandhi y Martin Luther King. Cada uno de ellos es un ejemplo de cómo una persona puede encarnar los tres poderes universales

---

Fama o integridad: ¿cuál es más importante?

Dinero o felicidad: ¿cuál es más valioso?

Éxito o fracaso: ¿cuál es más destructivo?

Ser maestro de los demás es fuerza; ser maestro de uno mismo es verdadero poder.

Cuando estás contento de ser simplemente tú mismo y no te comparas ni compites, todos te respetarán.

LAO TSE, *Tao Te Ching* (Mitchell)

cuando está dispuesta a tomar postura en un área que tenga corazón y sentido para ella. En las sociedades chamánicas, la tarea del guerrero es hacerse visible, y a través del ejemplo y de la intención, inspirar y fortalecer a los demás. Es importante recordar que la gente que posee una gran medicina puede ser hallada en cualquier campo de actuación y que no tiene que tratarse forzosamente de personas conocidas.

El poder de la presencia

Cada ser humano posee el poder de la presencia. Walt Whitman reconoció este poder cuando escribió en *Hojas de hierba*: «Convencemos por nuestra presencia». Muchas sociedades indígenas reconocen esta virtud, a la que suelen denominar «mostrarse» o «elegir estar presente y visible».

El poder de la presencia indica que somos capaces de expresar las cuatro inteligencias: mental, emocional, espiritual y física. Algunos individuos tienen tanta presencia que los identificamos como carismáticos; son las personalidades magnéticas. Nos sentimos atraídos por ellos; cautivan nuestro interés incluso antes de pronunciar palabra o de que sepamos algo de ellos.

Es muy fácil elegir no estar presentes: podemos deambular en nuestros pensamientos, embrollarnos emocionalmente en un problema del pasado o soñar con posibilidades futuras. En estos casos se puede decir que en realidad «no estamos del todo allí». Cuando elegimos mostrarnos energéticamente, con nuestras cuatro inteligencias, expresamos el poder de la presencia.

El poder de la comunicación

La vía del guerrero o líder es la comunicación eficaz. Una comunicación eficiente implica que el contenido, el momento adecuado y el contexto estén alineados. La comunicación contundente indica que tenemos mucho contenido por expresar, pero hacemos una mala elección del momento y del contexto. La comunicación confusa puede ser precisa en cuanto al momento oportuno y al contexto, pero su contenido es pobre y, además, nuestras palabras y nuestro comportamiento son incongruentes.

Para que la comunicación sea sumamente eficaz, tenemos que hacer que sus tres elementos esenciales sean consistentes: elección de palabras, tono de voz y lenguaje no verbal. Por ejemplo, podemos hacer una excelente elección de palabras, como cuando decimos: «Hace un día genial», pero nuestro tono melancólico y nuestra cabeza caída están enviando otro mensaje que contradice al anterior: no hace un día tan genial. La comunicación que nos inspira y fortalece es la que se expresa en el momento y lugar oportunos para que la persona implicada pueda oírla y recibirla.

> «Entonces deberías decir lo que quieres decir», continuó diciendo la liebre de Marzo. «Lo hago», respondió Alicia con rapidez. «Al menos... quiero decir lo que digo; eso es lo mismo, sabes».
>
> LEWIS CARROLL, *Alicia en el País de las Maravillas*

El poder de la posición

El guerrero está dispuesto a tomar postura, es decir, a informar a los demás de dónde está y qué defiende, y también a expresar que actúa por propia voluntad.

Muchos políticos tienen una gran presencia y son grandes comunicadores, pero pierden su poder cuando dejan a la gente dudando de cuál es su postura respecto a ciertos problemas. Las posturas del yoga hindú, los «lugares de poder» chamánicos, y el *feng shui* (el arte chino del correcto emplazamiento de los edificios y su amueblamiento) reconocen el poder de la posición. Muchas culturas aborígenes usan los cuatro principios que describimos a continuación como directrices para llevar una vida íntegra y de calidad. Se puede identificar a un verdadero guerrero/líder porque es una persona que sabe expresar honor y respeto; establecer límites y fronteras; alinear sus palabras con sus acciones y hacerse responsable tanto de la estructura como de la función de una manera íntegra.

HERRAMIENTAS DE PODER DEL GUERRERO

Las culturas chamánicas poseen una gran variedad de procesos de aprendizaje y entrenamiento para desarrollar las capacidades de liderazgo y las dotes de mando. Para muchas culturas indígenas, *el trabajo de recuperación del alma* es una herramienta de poder empleada por los que quieren recuperar las partes perdidas de sí mismos. En su libro *Soul Retrieval*, Sandra Ingerman describe este antiguo método. Las herramientas empleadas dentro de esta práctica incluyen *el trabajo con maracas, el baile, la meditación de pie, los animales de poder y los aliados ayudantes*.

Trabajo con maracas

El sonido producido por los instrumentos de percusión sirve para crear un estado alterado de conciencia y es una parte importante del trabajo de recuperación del alma en las tradiciones chamánicas. Los instrumentos musicales más antiguos usados por los pueblos indígenas para este trabajo son las *maracas*, que son la imitación humana del sonido de la lluvia. Son instrumentos de limpieza y purificación usados para remediar la «pérdida de alma». Los términos que se emplean actualmente para describir la pérdida del alma son: «depresión», «desánimo» o «falta de energía». En la práctica, la mayoría de los chamanes usan las maracas para limpiar y purificar. Después utilizan los mismos sonidos para llamar a las partes del alma que se han perdido en el pasado, en un lugar particular o en una vieja relación.

La mayoría de las sociedades chamánicas atribuye a las maracas las siguientes funciones: (1) trabajo de recuperación del alma; (2) limpieza y purificación, y (3) ayudar al trabajo vidente (esto se hace pidiendo a estos instrumentos que nos proporcionen cualquier tipo de guía oracular que necesitemos por medio del sonido). Incluso hoy en día, la familia y amigos del recién nacido le regalan un instrumento de este tipo, un sonajero. Quizá los seres humanos reconozcamos subliminalmente que el sonido de las maracas y sonajeros nos produce comodidad, nos revitaliza y nos da poder. Actualmente, este reconocimiento nos recuerda que debemos reclamar y recuperar la totalidad de nosotros mismos.

Bailar

El baile es un método para desarrollar el propio poder y para la recuperación anímica que ha sido usado consciente o subconscientemente por todas las sociedades. Cuando bailamos, conectamos con nuestra esencia y experimentamos la unidad entre el espíritu y la materia. Como Alonzo Quavehema, miembro del pueblo hopi, explica (citado en el libro de James K. Page, Jr., *Rare Glimpse into the Evolving Way of the Hopi*): «Permanecemos despiertos y cantamos durante toda la noche para purificarnos, de forma que nuestros cantos y nuestras plegarias puedan hacer bien a todos».

Actualmente podemos utilizar la terapia de la danza para conectar con nuestro guerrero interno. Un buen ejemplo de este tipo de trabajo de guerrero es el descrito por la bailarina profesional Gabrielle Roth en su libro *Maps to Ecstasy*, en el que nos enseña cinco ritmos que son elementales para cualquier ser humano que explore la danza:

1. *El ritmo fluido*, que nos enseña gracia y fluidez.
2. *El ritmo del caos*, que anuncia que la creatividad está buscando una forma.
3. *El ritmo entrecortado*, que nos enseña definición y refinamiento.
4. *El ritmo lírico*, que nos enseña síntesis e integración.
5. *El ritmo de la quietud* es nuestro maestro de la alegría y de la paz.

Con el tiempo, incluso un oso puede aprender a bailar.

Proverbio yiddish
(FELDMAN, *A World Treasury*)

Cuando nos sentimos cómodos con los cinco ritmos, la separación entre la experiencia interna y la externa se cierra. La sabiduría popular de África oriental describe la esencia de esta unidad diciendo: «Una pierna no puede bailar sola» (Feldman, *A World Treasury of Folk Wisdom*).

Meditación de pie

El guerrero usa el ritmo de la quietud para integrar los poderes de la presencia, la comunicación y la posición. En las tradiciones chamánicas se utiliza la postura de pie y el ritmo de la quietud para adiestrar a la gente en el arte de alcanzar todo su poder personal. En estas sociedades es habitual que los individuos recen de pie durante largos períodos de tiempo mientras practican la búsqueda de la visión. En lo que se refiere a otras culturas, la *meditación de pie* (descrita en el apartado «Procesos y recordatorios», página 50) se utiliza en las artes marciales, en las prácticas espirituales y en las militares para reforzar y hacer converger los tres poderes universales de la presencia, la comunicación y la posición, que nos permiten conectar con el gran ser que somos. En el *Tao Te Ching* (cita de la traducción de R. L. Wing, *The Tao of Power*), un clásico dentro de los temas del liderazgo, la influencia y la excelencia, Lao Tse nos recuerda el entendimiento que tiene el guerrero del poder y la danza de la vida:

> Conocer el absoluto es ser tolerante.
> Lo que es tolerante se hace imparcial;
> lo que es imparcial se hace poderoso;
> lo que es poderoso se hace natural;
> lo que es natural se convierte en el Tao.
> Nadie sale herido cuando se hace la cosa adecuada.
> Proverbio hawaiano (FELDMAN, *A World Treasury*)

Su propio funcionamiento a pleno rendimiento promete ser el empeño más fructífero que un líder puede emprender. Dentro de la vía del guerrero, la postura más natural, tole-

---

Nadie resulta herido cuendo las cosas se hacen correctamente.

Proverbio hawaiano (FELDMAN, *A World Treasury*)

rante, respetuosa e imparcial es estar lleno de poder: ser poderoso.

Animales de poder y aliados ayudantes

Muchas sociedades chamánicas acceden al poder por medio del trabajo consciente con un *animal de poder*. Nuestro animal de poder es aquel animal con el que más nos identificamos, o el que se nos presenta en nuestros sueños, prácticas meditativas o viajes chamánicos al menos cuatro veces. Su función es cuidar y proteger nuestro cuerpo físico. Este animal solicita la ayuda de los *aliados* (otros animales hacia los que también nos sentimos atraídos de manera insistente a lo largo de nuestra vida, o con los que sentimos cierta resonancia) para que nos ayuden en momentos de transición, crecimiento y profundización.

El animal de poder y los aliados nos asisten diariamente en las pruebas y desafíos con los que nos enfrentamos. En las culturas que hacen uso de los tótems, suelen estar simbolizados por esculturas que protegen el pueblo o la comunidad; por esculturas que describen historias de la propia familia o de la comunidad junto con su espíritu guardián, como en el caso de los pueblos aborígenes del noroeste del Pacífico; y por objetos de poder, que tienen la imagen del animal de poder individual en su base e imágenes de otros animales por encima de él representando a los aliados ayudantes. Trabajando dentro del contexto psicoterapéutico, Stephen Gallegos nos muestra, en su innovador libro *The Personal Totem Pole*, cómo combinar los tótems y las imágenes de animales con el trabajo de los centros de energía o *chakras*, usando las imágenes de animales como vía de conexión con nuestra propia naturaleza sanadora.

LA CONEXIÓN DEL GUERRERO CON LA NATURALEZA

Los pueblos indígenas reconocen que la herramienta más integradora y sanadora de que disponemos es nuestra *conexión con la naturaleza y los espacios salvajes*. En su libro *Indian Country*, Peter Matthiessen nos recuerda la profunda conexión existente entre la naturaleza y el espíritu:

> El ser humano es un aspecto de la naturaleza, y la naturaleza misma es una manifestación de la religión primordial. Incluso la palabra «religión» crea una separación innecesaria; no existe una palabra equivalente en las lenguas indias. La naturaleza es el «Gran Misterio», la «religión antes de la religión»…

En las búsquedas de la visión y otras experiencias ceremoniales celebradas en la naturaleza salvaje, está presente la certeza innata de que la naturaleza es una ilimitada fuente de fuerza que nos permite conectar el espíritu con la materia. A nivel biológico, si queremos mantener nuestra vitalidad y nuestro nivel de energía, es necesario permanecer al aire libre al menos una hora diaria. De niños, pasábamos más tiempo al aire libre que dentro de casa; de adultos, pasamos más tiempo en casa que al aire libre. Para mantener nuestro nivel de bienestar, nuestra vitalidad y nuestro espíritu necesitan conectar a diario con la luz natural, con el aire y con la tierra. En el arte rupestre, las sociedades neolíticas representaron la necesidad del ser humano de conectar con la naturaleza dibujando repetidamente a individuos con forma de árbol, o lo que parecen ser «personas-árbol».

En muchas culturas indígenas, los *árboles* se consideran los curanderos del reino vegetal. Como el árbol, la vía del guerrero consiste en permanecer enraizado y contenido; ser flexible al viento y, sin embargo, estable. En muchas culturas los árboles simbolizaban el proceso de transformación. Las raíces de los árboles están asociadas con el pasado, con nuestra forma de honrar nuestro legado y a nuestros antepasados. El tronco simboliza la vida presente y revela si la fuerza de vida y el espíritu creativo están activos o no. Las ramas simbolizan los objetivos que deseamos conseguir en el futuro, y si se trata de un árbol florido o frutal, la consecución de esos objetivos. El guerrero, como el árbol, honra el pasado, el presente y el futuro estación tras estación.

Otra arma que el guerrero usa para almacenar y estabilizar la energía es la *posición erguida en combinación con ciertas posiciones de las manos*. Se trata de colocar una mano sobre el corazón y la otra entre las costillas y el ombligo. En los valles de Uzbekistán, esta postura se utiliza para solicitar la ayuda de un grupo de espíritus llamados Chiltan, a los que se invoca para sanar, recuperar el poder y estabilizar la energía. Felicitas D. Goodman ha estudiado las posturas empleadas por las distintas culturas para inducir el trance y las experiencias extáticas. En su libro *Where the Spirits Ride the*

 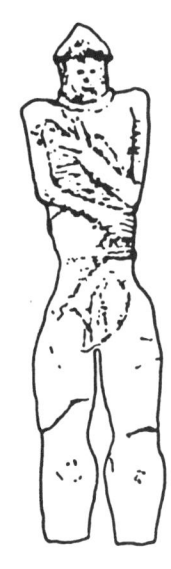

Wind, nos explica que esta postura Chiltan ha sido utilizada también en la costa noroeste de América del Norte, en Arizona, en la antigua Europa, en el África moderna y entre los olmecas de América Central. En las sociedades hindúes, el trabajo con las posiciones de ambas manos (*mudras*) y una variedad de posturas corporales (yoga) es el método más utilizado para reequilibrar la energía o poder personal. Posturas similares se encuentran en muchas otras culturas, tanto antiguas como contemporáneas. El conocimiento de estas simples herramientas de poder y su práctica continuada son importantes para el desarrollo del guerrero interno.

Otras metáforas y símbolos naturales vinculados con la vía del guerrero son el *cielo*, los *cuatro vientos*, el *sol*, la *luna* y las *estrellas*. Muchos pueblos indígenas vinculan el camino del guerrero con la dirección *Norte*, hogar del *Padre Cielo* y de todos los *pájaros* y criaturas aladas. El *Invierno*, estación dedicada a la incubación, gestación y consolidación, también suele ser atribuido por las sociedades chamánicas a la dirección Norte.

El invierno no siempre supone la presencia de hielo y nieve, aunque cada hemisferio tiene su propia estación invernal que es propicia para el descanso. En esta estación muchas sociedades indígenas completan lo que ha quedado inacabado durante el año. El invierno es la estación de la reflexión y la contemplación. Se considera que es el momento de prepararse para la renovación y sanación que aporta la primavera. Cuando nos encontramos ante una prueba, es importante asumir el reto con dignidad, con poder y con la gracia de los «alados».

Las antiguas herramientas de poder, tales como la práctica de la postura Chiltan o permanecer de pie como la gente-árbol, nos ayudan a estar presentes y plenamente visibles.

Mi yo espontáneo,
Naturaleza,
el día amoroso,
el sol ascendente,
el amigo con el que soy feliz…

WALT WHITMAN,
«Hijos de Adán»,
en *Hojas de hierba*.

Para los occidentales que vivimos en un medio urbano, las técnicas de relajación y de reducción del estrés son otras herramientas que nos permiten permanecer centrados. Plantar árboles, cuidar de un jardín natural o de pequeños jardines en tiestos nos ayuda a reverdecer nuestra naturaleza por medio del contacto con el reino vegetal.

Cómo se revela el guerrero/líder no manifestado: los aspectos sombríos del arquetipo del guerrero, el niño herido del norte

Cuando no estamos plenamente presentes o encajados, nos encontramos atrapados en la sombra del arquetipo del guerrero. La presencia en nuestras vidas de problemas relacionados con la rebelión, con autoridad no asumida o la proyección de nuestra autoridad en otros, y con comportamientos de invisibilidad, indica que no hemos afianzado el guerrero o líder que llevamos dentro.

Rebelión

Los revolucionarios no son los únicos *rebeldes*. Tú, yo, o el vecino de al lado también podemos serlo. Cualquiera que tenga dentro de sí la apabullante necesidad de dejar su marca y de hacer las cosas de manera diferente a la norma es un rebelde. Los rebeldes no pueden tolerar ser ordinarios; suelen ser incapaces de trabajar dentro de las estructuras y formas establecidas. Los rebeldes responden a sus propias necesidades personales y profesionales sin importarles las de los demás, ni si es el lugar, el momento o la situación adecuados para hacerlo. Para convertirse en guerreros, los rebeldes tienen que aprender a honrar y respetar los límites y fronteras de los demás, asumir la responsabilidad de las acciones que emprenden o dejan de emprender y afirmar su liderazgo de una forma que ayude a los demás en lugar de despreciarlos.

El rebelde está excesivamente identificado con ser independiente y autosuficiente. Detrás de cada rebelde está la necesidad de tener más espacio. El rebelde vive en un miedo constante a sentirse limitado, restringido o reprimido. Cuando el rebelde utiliza sus dotes de mando para su beneficio personal pierde facultades para ser un buen jugador de equipo y acaba perdiendo también el respeto de los demás. Si lleva esta actitud hasta el extremo, entonces el rebelde se convierte en narcisista y abandona el liderazgo eficaz.

Problemas con la autoridad

> ¿Qué significa pasar a ocupar una posición de liderazgo? Francamente, significa que ahora tenemos la autoridad para servir a la gente de una manera especial.
>
> Anónimo
> (VAN EKEREN,
> *The Speaker's Sourcebook*)

Cuando tenemos un *problema de autoridad* con alguien, no nos hemos adueñado plenamente del arquetipo del guerrero y, en lugar de reconocer nuestra autoridad, la estamos proyectando sobre otra persona. La gente que tiene problemas con la autoridad se siente atraída por los líderes eficaces y tiende a idealizarlos o a competir con ellos. Detrás de cada individuo que tiene un problema con la autoridad hay una falta de voluntad de asumir su responsabilidad personal, y a menudo un deseo inconsciente de que otra persona sea la responsable.

Cualquier problema con la autoridad revela que el individuo se está comportando como una víctima. Por ejemplo, cuando una figura de autoridad no cumple las expectativas idealizadas de otra persona, la víctima reaccionará culpabilizándola, criticándola y atacándola; o responderá sintiéndose decepcionada, evitando el encuentro y retirándose. La víctima que echa la culpa a otro está comenzando a reclamar su propia autoridad aunque de una forma desviada, utilizando su capacidad de liderazgo para atacar o justificarse. La víctima que usa la retirada o evita el enfrentamiento está tratando de reclamar su autoridad personal sin conseguirlo.

Una persona que afirma su autoridad personal ya no es una víctima. Cuando afirmamos nuestra propia autoridad, las circunvalaciones que tomábamos hacia el poder quedan anuladas. Comenzamos a valorar la colaboración con nuestros colegas profesionales y a respetar a la gente que demuestra que puede dirigirnos eficazmente.

Comportamientos de invisibilidad

Evitamos afianzar nuestro poder personal cuando exhibimos *comportamientos de invisibilidad*. Estos comportamientos incluyen ocultarse, contenerse, o «estar a la sombra» de los poderosos. La raíz de estos comportamientos suele encontrarse en una baja autoestima y en la incapacidad de percibirse correctamente. Otra forma de ser invisible es influir en las situaciones desde detrás del escenario.

Si exhibimos un comportamiento de ocultación, tememos exponernos o ser plenamente visibles en áreas en las que disponemos de talentos innatos. Esconderse detrás del escenario revela que tenemos dificultades para demostrar nuestras cualidades de liderazgo y expresión creativa. Esto es muy diferente de apoyar plenamente los esfuerzos creativos de otros, implicando totalmente nuestros dones y talentos, pero sin sentirnos comprometidos. «Estar a la sombra» de la gente poderosa revela una tendencia personal a reclamar nuestro poder de manera indirecta en lugar de utilizar nuestras capacidades directamente. Estar al abrigo del poder de otra persona nos produce la ilusión de tener nuestro propio poder cuando en realidad no es así. Debajo de todos los patrones de invisibilidad reside el miedo a exponerse y a ser responsable. Estos miedos surgen de problemas con la autoestima y afectan a nuestra capacidad individual de estar plenamente implicados en la vida.

Si estos aspectos sombríos están muy desarrollados en cualquiera de sus categorías, es porque existen capacidades de liderazgo de igual magnitud que esperan ser recuperadas y puestas en práctica. Las claves para explorar e integrar todos los aspectos del arquetipo del guerrero son el coraje y la valentía. El acceso al coraje nos permite afirmar plenamente nuestra capacidad. La demostración última de coraje es la búsqueda de la paz. Diez Osos, un comanche yamparika (citado por Nerburn y Mengelkoch en *Native American Wisdom*), nos muestra un modelo del arquetipo del guerrero en esta plegaria: «Gran espíritu, no quiero que la sangre cubra mi tierra manchando la hierba, quiero que la tierra permanezca clara y pura. Y deseo que todos los que caminen entre mi gente puedan encontrar la paz cuando lleguen, y puedan irse en paz cuando se vayan».

La vía del guerrero es integrar nuestros puntos fuertes y débiles. Cuando aceptamos todo lo que hay en nosotros es más fácil que las ilusiones se desplomen. Así podemos participar en la vida más plenamente. Como dijo Juana de Arco, la mística del siglo XV: «¡En el nombre de Dios! ¡Avancemos valientemente!».

PROCESOS Y RECORDATORIOS: PRÁCTICAS IMPORTANTES PARA DESARROLLAR EL GUERRERO INTERNO

1. *Dedica al menos quince minutos diarios a practicar la meditación de pie*. Registra tus experiencias en tu diario o crea un diario especial para la meditación.

Meditación de pie

Acceder al guerrero interno.
Acceder a la cualidad de la presencia y a la autoridad interna.

Propósito

El propósito de practicar la meditación de pie es honrar el tiempo sagrado. Este es un tiempo que apartamos para dedicarlo a la introspección, a la contemplación, al descubrimiento y a honrar lo divino y lo sagrado.

Postura

Ponte de pie con la cabeza erguida, dejando caer los brazos a ambos lados y separando los pies a la distancia de los hombros. Debes mantener los ojos abiertos y suavemente fijados en un punto distante.

Esta postura de meditación se encuentra en las prácticas orientales, asiáticas, tibetanas y chamánicas. En algunas prácticas occidentales, la postura erguida se combina con las posturas de rodillas y sentada.

Proceso

Dentro de este tiempo y de esta postura sagrados, puedes sentir la sensación de valerte por ti mismo: literalmente pones los pies en el suelo, asumes la postura y la mantienes. En la meditación de pie experimentas lo que significa establecer límites y moverse desde un lugar de autoestima y respeto por uno mismo.

La meditación de pie te permite acceder a tu presencia, a tu poder personal y autoridad, y experimentar tu guerrero interno. En Oriente, el guerrero es el individuo que tiene la habilidad de honrarse y respetarse a sí mismo y a los demás (como se demuestra, por ejemplo, en las artes marciales como el *aikido* y el *tai chi*). Expresar el guerrero interno significa ser consciente y estar presente sin esfuerzo ni contención. Es la capacidad de ser dueño de tu propia presencia y poder personal sin regalarlos ni desviarlos. En la meditación de pie experimentas lo que significa trabajar desde una postura de res-

peto: es la voluntad de «volver a mirar», a uno mismo y a los demás, desde una posición de fuerza y flexibilidad.

2. *Pasa un hora diaria en la naturaleza o al aire libre para conservar tu salud y bienestar.*

3. *Dedica tiempo a realizar el trabajo de recuperación del alma con las maracas.* Mueve las maracas arriba y abajo frente a tu cuerpo en largos movimientos verticales y horizontales. La maraca imita el sonido de la lluvia, por lo que su movimiento limpia y purifica nuestra naturaleza. Ahora mueve la maraca en grandes movimientos circulares hacia el lado derecho de tu cuerpo; esto invoca el regreso de las partes dinámicas de tu naturaleza. Haz lo mismo hacia el lado izquierdo de tu cuerpo para invocar las partes perdidas de tu naturaleza magnética.

> El color de la piel no marca la diferencia. Lo que es bueno y justo para uno es bueno y justo para otro, y el Gran Espíritu hizo que todos los hombres fuéramos hermanos. Yo tengo la piel roja, pero mi abuelo era un hombre blanco. ¿Qué importa? No es el color de la piel lo que me hace bueno o malo.
>
> WHITE SHIELD, Jefe arikara, de *Native American Wisdom*

4. *Dedica tiempo diariamente a practicar ejercicios, al trabajo corporal o a moverte.* Muchas culturas indígenas usan el poder del movimiento (como la danza ceremonial, las posturas Chiltan, el yoga, *tai chi,* u otras artes marciales) para despertar el guerrero interno. Actualmente empleamos el aerobic, el *jogging,* la natación, la gimnasia y demás ejercicios para ayudar a mantener abierto el acceso a nuestras dotes de liderazgo.

5. *Dedica tiempo a diario a tomar conciencia de cómo te comportas ante los sucesos inesperados y las sorpresas.* Cada día ocurren cosas inesperadas, pero no tienen por qué desequilibrarnos. Cuando aprendemos a lidiar con las situaciones sorprendentes, pueden enseñarnos a mantenernos centrados y flexibles al mismo tiempo, una práctica necesaria para cualquier líder eficaz.

6. *Dedica tiempo a honrar la guía de tu animal de poder y de tus aliados ayudantes.*

Resumen del arquetipo del guerrero

El guerrero es el arquetipo del líder. Accedemos a nuestras dotes de mando asumiendo nuestro poder, mostrándonos y eligiendo estar presentes, demostrando honor y respeto, y siendo responsables y fiables.

Herramientas de poder del guerrero

- Trabajo con las maracas
- Baile
- Meditación de pie
- Animales de poder y aliados ayudantes
- Conexión con la naturaleza: posturas Chiltan

Aspectos sombríos del guerrero

- Rebelión
- Problemas con la autoridad
- Comportamientos de invisibilidad: esconderse o estar retenido trabajar detrás del escenario «estar a la sombra» de los poderosos

TRES PODERES UNIVERSALES: PRESENCIA, COMUNICACIÓN, POSICIÓN

La vía del guerrero - Dotes de mando

- Honrar y respetar
- Alinear la palabra y la acción
- Respetar los límites y fronteras
- Ser responsable y disciplinado
- Demostrar un uso correcto del poder
- Los tres «noes» del líder

Metáforas de la naturaleza atribuidas a la dirección Norte

- Padre Cielo
- Los cuatro vientos
- El sol, la luna y las estrellas
- Pájaros, criaturas aladas
- La gente-árbol

Preguntas

Piensa en las respuestas que darías a las siguientes preguntas. Para desarrollar el guerrero interno, plantéate y responde a las preguntas uno y dos todos los días.

1. *¿Es lo bueno, lo verdadero y lo bello dentro de mí tan fuerte como los murmullos que me empequeñecen?* (O, en términos psicológicos contemporáneos: ¿Es mi autoestima tan fuerte como mi autocrítica?) Si puedes responder a esta pregunta con un «sí», ya estás preparado para expresar tu poder o medicina original en cualquier situación. Si no puedes responder a esta pregunta con un «sí», entonces tienes que trabajar con las herramientas de poder del guerrero descritas en este capítulo.

2. *¿Cuándo dejé de bailar? ¿Cuándo dejé de cantar? ¿Cuándo dejé de sentirme encantado con cuentos e historias? ¿Cuándo comencé a sentirme incómodo en el dulce territorio del silencio?* Muchos pueblos indígenas creen que en el lugar y en el momento de nuestra vida en que dejamos de bailar, cantar, sentirnos encantados con las historias o comenzamos a experimentar dificultades con el silencio es cuando empieza nuestra pérdida del alma o del espíritu. El baile es la herramienta utilizada por el guerrero para recuperar las partes de sí que ha perdido u olvidado. Trabaja con los cinco ritmos de Roth como herramientas de poder y recuperación del alma.

3. *¿Quiénes son los líderes y las personas que han demostrado su «espíritu guerrero», que me han inspirado y fortalecido en el pasado y que continúan haciéndolo en el presente?* Las personas que te inspiran lo hacen porque te reflejan aspectos de tu propio guerrero interno, recordándote tus dotes naturales de liderazgo. Haz una lista o *collage* visual de estas personas para reforzar los dones guerreros que llevas dentro y que esperan ser recuperados.

4. *¿Quiénes son las personas que han reconocido mis dotes de liderazgo? ¿Quiénes son las personas que me han elegido para jugar en su equipo?* Cuando eres reconocido o elegido por tus dotes de líder, esto supone un reconocimiento de tu medicina original, de tu guerrero interno.

5. *¿Cuáles han sido mis mayores retos? ¿Cómo he respondido a ellos?* Repasa los principales desafíos que has afrontado. ¿Dónde empezaste a encararlos con todo tu poder en lugar de evitarlos o quedarte constreñido por el miedo? El arquetipo del guerrero nos enseña que cuando nos enfrentamos a un desafío con todo nuestro poder, activamos nuestras dotes de liderazgo y ejercitamos nuestros dones naturales. Cuando afrontamos los desafíos con miedo, experimentamos los aspectos sombríos del guerrero.

6. *De los tres poderes universales (el poder de la presencia, el poder de la comunicación y el poder de la posición), ¿cuáles están desarrollados en mí y cuáles no lo están?* ¿Cuándo fuiste consciente del poder de la presencia por primera vez en tu vida? ¿Cuándo experimentaste tu eficacia o ineficacia con el poder de la comunicación? ¿Cuándo tomaste conciencia en tu vida del poder de la posición? ¿Qué puedes hacer por desarrollar los poderes que consideras poco desarrollados?

7. *¿Con qué habilidades específicas cuento para ser líder? ¿Cómo las expreso habitualmente dentro de mi familia, de mi actividad creativa, de mi vida laboral?*

8. *¿Dónde pierdo mi poder? ¿Qué personas o situaciones concretas activan mi falta de coraje? ¿Dónde y con quién me siento incapaz de expresar plenamente quien soy?*

9. *¿En qué situaciones puedo levantarme, sostenerme sobre mis pies y defender una postura? ¿Cuándo sé que no puedo mantenerla?* Los contextos en los que puedes mantener tu posición te permiten sentir autoestima y el poder de ser quien eres. Cuando eres plenamente visible y sabes cuál es tu pos-

tura, experimentas lo que significa tener poder. Trabaja en la meditación de pie para contactar con tu verdadero yo y experimentar el arquetipo del guerrero.

10. *¿Qué partes de mí mismo suelen estar enfrentadas entre sí? ¿Cuál es el principal conflicto que experimento actualmente en mi vida? ¿Dónde creo incomprensiones en mi vida? ¿Digo lo que pienso? ¿Hago lo que digo?* Las dos fuentes principales de incomprensión y conflicto son no decir lo que pensamos y no hacer lo que decimos. Dedica algún tiempo de la meditación de pie a pedir ayuda y guía para poder alinear tus palabras y tus acciones.

11. *¿Cómo respondo cuando hay demasiadas cosas que hacer? ¿Cómo respondo cuando no hay nada que hacer?* El líder competente se compromete a mantener el equilibrio y a gestionar la energía, el tiempo y sus recursos personales. El arte rupestre prehistórico revela la importancia que se le concedía en la antigüedad al hecho de estar relajado y centrado. Las posturas Chiltan y los motivos de la gente-árbol muestran que los pueblos primitivos intentaban evitar la tensión en los momentos de gran actividad y se sentían cómodos en momentos más distendidos. Para los pueblos primitivos, la naturaleza era una fuente de plenitud y renovación. Las modernas técnicas de reducción del estrés tienen efectos muy parecidos. Recuerda los tres «noes» del liderazgo: «Cuando hay demasiado que hacer, no temas; cuando no hay nada que hacer, no te apresures; y no juzgues lo que está bien o lo que está mal. Un líder que siga estas reglas no se sentirá confuso ni engañado por los objetos externos».

12. *¿De qué forma expreso honor y respeto hacia mí mismo y hacia los demás? ¿Soy consciente de mis propios límites y fronteras? ¿Honro y respeto los límites y fronteras de los demás?*

13. *¿En qué áreas de mi vida me siento responsable y fiable? ¿En qué áreas de mi vida soy disciplinado?* Cuando no eres responsable ni fiable en tu vida, te ves sometido a la

voluntad de los demás. Si te falta disciplina o eres incapaz de ser «tu propio discípulo», experimentarás la confusión y el caos.

14. *¿Cuál es mi conexión con la naturaleza y con los animales? ¿Paso al menos una hora diaria al aire libre?* La salud y el bienestar requieren que dediquemos al menos una hora diaria a estar al aire libre. Busca tiempo para hacerlo. *¿Cuáles son mis animales favoritos?* En algunas tradiciones aborígenes, a nuestros animales favoritos se les conoce como los aliados ayudantes. ¿Puedes identificar a tus aliados ayudantes? *¿Hay un animal concreto que me haya gustado o hacia el que me haya sentido atraído desde la infancia?* Algunos pueblos indígenas lo llaman el «animal de poder». ¿Tienes un animal de poder?

15. *De los tres aspectos sombríos del guerrero, ¿qué comportamientos de invisibilidad he explorado? ¿En qué partes o aspectos de mi vida he sido rebelde? ¿En qué partes de mi vida he tenido problemas con la autoridad? ¿En qué aspectos de mi vida me he sentido como una víctima?* El lado sombrío del arquetipo del guerrero revela que algunos aspectos de nuestras dotes de mando esperan ser recuperados. Trabaja con las herramientas de poder del guerrero descritas en este capítulo para reclamar o liberar tu poder atrapado.

LA SENDA DEL SANADOR

En cualquier casa que entre,
entraré a sanar.
JURAMENTO HIPOCRÁTICO

Dirección: Sur
Elemento: Tierra
Criatura: Los cuadrúpedos
Recurso humano: El amor
Tipo de meditación: Tumbada
Forma de vida: Palabra justa
Cuádruple sendero: Prestar atención
Bálsamo sanador: Contar historias
Instrumento: El tambor
Estación: La primavera

A nivel transcultural, los distintos pueblos indígenas tienen muchos puntos de vista diferentes respecto a las direcciones y a las estaciones, pero la mayoría de ellos las ven tal como las presentamos aquí.

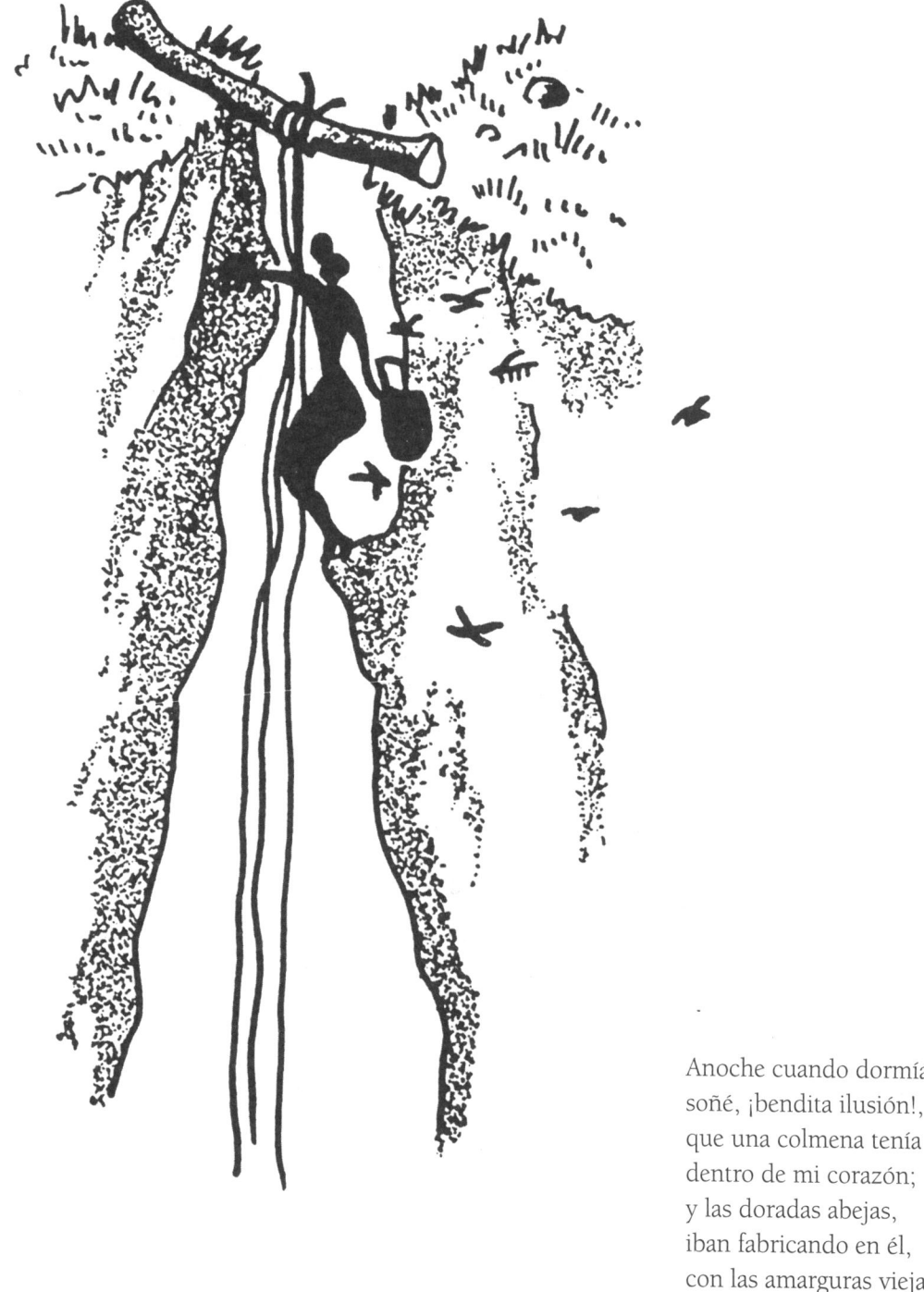

Anoche cuando dormía,
soñé, ¡bendita ilusión!,
que una colmena tenía
dentro de mi corazón;
y las doradas abejas,
iban fabricando en él,
con las amarguras viejas,
blanca cera y dulce miel.

Antonio Machado
Soledades

Presta atención a lo que tiene corazón y significado

El arquetipo del sanador es una estructura mítica universal que experimentan todos los seres humanos. Entre las culturas indígenas el sanador representa el principio de *prestar atención a lo que tiene corazón y sentido*. Los sanadores de las principales tradiciones reconocen que el poder del amor es la fuerza curativa más importante de que pueden disponer los seres humanos. Los sanadores eficaces de cualquier cultura son los que abren sus brazos al amor, es decir, al reconocimiento, a la aceptación, a las cosas válidas y a la gratitud.

La gente de todo el mundo muestra su reconocimiento de cuatro formas distintas: reconocemos las habilidades o capacidades de los demás; las cualidades o rasgos de carácter; la apariencia o aspecto externo y el impacto que nos producen o somos capaces de producir. Podemos creernos inadecuados o sentir poca autoestima en aquellos aspectos de nosotros mismos por los que recibimos menos reconocimiento.

Los sanadores de todas las tradiciones tienen una pericia natural para practicar el arte del reconocimiento. Reconocen plenamente que los mayores rencores solo son amor no expresado. Probablemente, el más claro ejemplo contemporáneo de una persona que ha demostrado el poder sanador del amor es la Madre Teresa. En las tradiciones chamánicas la hubieran llamado mujer medicina.

El corazón y sus cuatro compartimientos

El corazón es un músculo pausado. Es diferente de todos los demás músculos. ¿Cuántas flexiones puedes hacer antes de que los músculos de tus brazos y estómago estén tan cansados que tengas que detenerte? Pero el músculo del corazón seguirá trabajando mientras vivas. No se cansa porque cada latido incorpora una fase de descanso. Nuestro corazón físico trabaja pausadamente. Y cuando hablamos del corazón en un sentido más amplio, la idea de un ocio vivificante siempre está presente. No debemos olvidar que situar el ocio y el descanso en el centro de nuestra vida es lo que nos permitirá mantenernos jóvenes. A la vista de esto, el ocio no es un privilegio sino una virtud. No es el privilegio de unos

Muchas culturas aborígenes creen que el corazón es el puente entre el Padre Cielo y la Madre Tierra. Para estas tradiciones, el *corazón de cuatro compartimientos*, la fuente que mantiene nuestra salud emocional y espiritual, se describe como pleno, abierto, claro y fuerte. Estas tradiciones creen que es importante comprobar el estado de los cuatro compartimientos de nuestro corazón cada día, preguntándonos: «¿Tengo hoy el corazón pleno, abierto, claro y fuerte?».

Cuando no ponemos todo el corazón en algo, hacemos las cosas a medias. Esta sensación de estar a medias surge cuando debemos hacer algo que en realidad no deseamos hacer. El hecho de sentirnos a medias nos anuncia que estamos en un lugar equivocado y es el momento de apartarnos de esa situación.

Cuando no tenemos el corazón abierto, estamos cerrados. Estar a la defensiva, encontrarse con las propias resistencias y protegerse ante la posibilidad de sentirse herido son señales de que tenemos el corazón cerrado. El remedio para este estado consiste en ablandarse y reabrir el corazón.

Cuando nuestro corazón no está claro, nos sentimos confusos, dudamos. En tal caso debemos esperar. Los estados de ambivalencia e indiferencia son los precursores de la confusión y de la duda. Cuando experimentamos cualquiera de estos estados, se nos está recordando que hemos de aclararnos antes de emprender una acción.

Cuando no sentimos algo con fuerza es cuando nos falta coraje para ser auténticos y decir lo que es verdad para nosotros. Cuando sentimos algo con fuerza, tenemos el coraje de ser quienes somos en nuestra vida. La palabra «coraje» deriva de la palabra francesa *coeur*, y etimológicamente, significa «la habilidad de defender el propio corazón o el propio núcleo». Cuando exhibimos coraje, demostramos el poder curativo de prestar atención a lo que tiene corazón y sentido para nosotros. Como se evidencia en este poema azteca, el corazón y su relación con la autenticidad ha sido un tema perenne, utilizado a lo largo de los siglos.

> La persona madura:
> corazón firme como una piedra,
> corazón tan fuerte
> como el tronco de un árbol.
> Rostro noble, rostro sabio;
> dueña de su rostro,
> dueña de su corazón.
> La persona madura:
> rostro noble, corazón firme.

pocos que pueden permitirse tener tiempo, sino la virtud de todos los que están dispuestos a conceder tiempo a lo que lleva tiempo: dar a cada tarea el tiempo que necesita.

HERMANO DAVID STEINDL-RAST, *Gratefulness, the Heart of Prayer*

Los seis tipos de amor universal

Mantener sanos los cuatro compartimientos de nuestro corazón nos permite explorar y abrirnos a los seis tipos de amor universal:

1. Amor entre compañeros y amantes.

2. Amor entre padres e hijos.

3. Amor entre colegas y amigos.

4. Amor profesional entre maestro y estudiante, terapeuta y cliente, y así sucesivamente.

5. Amor a uno mismo.

6. Amor incondicional o espiritual.

Los ocho conceptos de la sanación

Todos estos tipos de amor son pasadizos que nos permiten acceder a la sanación. A medida que nos abrimos a ellos, aumenta nuestra capacidad de mantener una visión equilibrada de la sanación. Jeanne Achterberg, en su libro *Woman as Healer*, nos recuerda los siguientes conceptos que contribuyen a esta visión equilibrada:

1. La sanación es un viaje hacia nuestra totalidad que dura toda la vida.

2. Sanación es recordar lo que hemos olvidado sobre conexión, unidad e interdependencia entre todas las cosas, vivientes y no vivientes.

3. Sanación es abrazar lo que más tememos.

4. Sanación es abrir lo que está cerrado, ablandar lo que se ha endurecido y obstruye.

5. Sanación es entrar en el momento transcendente e intemporal en que se experimenta lo divino.

6. Sanación es creatividad, pasión y amor.

7. Sanación es buscarse y expresarse plenamente, la luz y la sombra, la parte masculina y la femenina.

8. Sanación es aprender a confiar en la vida.

Cuando estamos poco desarrollados en cualquiera de estos conceptos, la puerta que conduce al amor y a la salud permanece cerrada.

> El amor consiste en esto: que dos soledades se protejan, se toquen y se saluden mutuamente.
>
> RAINER MARIA RILKE, *Poesía selecta*

El principio de reciprocidad

La sanación implica el *principio de reciprocidad*, la capacidad de dar y recibir equilibradamente y la habilidad de conectar. Los ocho principios de Achterberg revelan el funcionamiento del principio de reciprocidad. Para mantener la salud y el bienestar, necesitamos mantener un equilibrio entre dar y recibir, y saber reconocer cuándo uno de estos modos de expresión tiene un desarrollo excesivo y el otro está subexpresado.

Muchos de los pueblos indígenas verían en los conceptos de Achterberg un método que nos permite a los seres humanos mantener una relación justa con la Naturaleza y, por tanto, mantener también una relación justa con nuestra propia naturaleza. El principio de reciprocidad nos hace mantener el equilibrio en nuestra salud y en nuestra naturaleza amorosa. Octavio Paz, en *El laberinto de la soledad*, lo expresa muy bien:

El amor es uno de los más claros ejemplos del doble instinto que nos hace cavar cada vez más profundo dentro de nosotros mismos y, al mismo tiempo, emerger de nosotros mismos para realizarnos en el otro: muerte y re-creación, soledad y comunión.

Herramientas de poder del sanador

Las herramientas de poder del sanador incluyen *los cuatro bálsamos sanadores universales*, *el trabajo del viaje con tambores*, *la meditación tumbada* y *el trabajo de acunar*.

Los cuatro bálsamos sanadores universales

Cada cultura tiene distintas formas de mantener la salud y el bienestar. Los sanadores de todo el mundo reconocen la importancia de practicar o recuperar los cuatro bálsamos sanadores universales: *relatar historias, cantar, bailar y estar en silencio*. Las sociedades chamánicas creen que cuando dejamos de cantar, de bailar, dejan de gustarnos las historias o nos sentimos incómodos en silencio, experimentamos una pérdida de alma que abre la puerta a la enfermedad y al malestar. El sanador habilidoso recupera el alma utilizando los bálsamos sanadores.

Se ha reconocido desde hace mucho tiempo que estos bálsamos sanadores nos despiertan, sustentan al niño divino que habita en nosotros y nos devuelven la esperanza, la sorpresa y la maravilla. Margaret Mead describió la función natural de estos bálsamos sanadores en *Women of*

Faith and Spirit (Warner y Beilenson) de esta forma: «La oración no utiliza energía artificial, no quema combustibles fósiles y no contamina. Tampoco lo hace la canción, ni el amor, ni la danza». Algunos pueblos aborígenes amplían la afirmación de Mead cuando declaran: «Al Gran Espíritu deben de haberle gustado las historias, porque creó a mucha gente».

Contar historias

Las culturas aborígenes transmiten sus valores, su ética y sus creencias espirituales a través de canciones, bailes, rituales silenciosos, oraciones y *relatos*. Como afirman Peggy Black y Anna Walters en su libro *The Sacred*:

> La memoria humana es un gran almacén que normalmente solo llenamos en una fracción de su capacidad. Los ancianos lo sabían, y por eso ponían a prueba y entrenaban su memoria, junto con los demás sentidos, de forma que las historias y tradiciones de la gente pudieran conservarse y transmitirse. Una de las tradiciones orales más importantes era la de relatar y conservar las historias sobre los orígenes.

Las recientes investigaciones de Joanne Martin y su equipo de la Escuela de Negocios de Stanford dejan claro que las historias y relatos que se cuentan dentro de una organización generan un mayor compromiso de los empleados, engendran más fe, y se recuerdan más que los fríos datos estadísticos que «prueban» el mismo punto. Como relata Barbara Shapiro en su libro *Edgar Degas,* el pintor impresionista también tenía muy claro este concepto: «Está muy bien copiar lo que se ve, pero es mejor dibujar a partir únicamente de la memoria. Entonces reproduces solo lo que te ha impresionado, es decir, lo esencial...» Estas esencias son la base de todos los relatos y, en último término, conforman la historia de nuestra vida.

Las culturas indígenas reconocen que contar historias puede reformar la experiencia de un individuo, su historia personal. Muchos chamanes y curanderos son narradores consumados. Se les suele llamar «los que cambian de forma», porque tienen la capacidad de cambiar la forma de la historia de un individuo e incluso de cambiar su propio aspecto físico. Un chamán que tenga esta capacidad es considerado como un catalizador de la sanación y un agente del cambio. Actualmente, «los que cambian de forma» son los médicos hábiles, los terapeutas, los ministros, los consejeros y, en general, los individuos que asisten a la gente durante sus crisis o transiciones existenciales.

El hecho de prestar atención a nuestra propia historia personal nos permite reabrir el corazón y conectar con los demás bálsamos sanadores universales. Esto a su vez nos permite experimentar el recurso humano del amor, la fuerza curativa más poderosa de la Madre Tierra.

El trabajo del viaje y el tambor

Prestar atención a nuestra historia personal es una forma de atender a lo que tiene corazón y significado para nosotros. La herramienta de que dispone el sanador para escuchar a su corazón es el *trabajo del viaje*, una práctica chamánica utilizada para acceder a información procedente del yo sagrado o divino que ha sido desarrollada en los tiempos contemporáneos por Michael Harner y la Fundación de Estudios Chamánicos. En este trabajo, las tradiciones chamánicas se rinden a la sabiduría del corazón practicando la meditación tumbada (véase la página 70) con acompañamiento de un *tambor* durante un período de entre veinte y treinta minutos.

Gracias a la *guía sonora* (ritmo rápido de tambores, generalmente entre cuatro y siete ciclos por segundo), se entra en un estado alterado de conciencia. El tambor puede usarse solo o con otros tambores, y también pueden acompañarle diversos instrumentos, como las maracas, la campana,

---

Escribe en la arena el daño que has recibido, pero anota las cosas buenas que te ocurren en un bloque de mármol. Abandona todas las emociones de resentimiento y venganza, que te empequeñecen, y aférrate a emociones como la gratitud y la alegría, que te hacen crecer.

Proverbio árabe
(Van Ekeren, *The Speaker's Sourcebook*)

el sonido de huesos o palos y el canto. Algunos pueblos indígenas tocan tambores para practicar la sanación y buscar guía espiritual. Cuando nos embarcamos en un viaje de este tipo, nos abrimos a la posibilidad de apartar los obstáculos y todo aquello que nos impide dar y recibir amor. Esta práctica se usa para desarrollar un corazón pleno, fuerte, abierto y claro.

El tambor es la imitación humana de los latidos del corazón. Las sociedades chamánicas usan el tambor para favorecer la sanación y facilitar la apertura del corazón. En sus investigaciones, Andrew Neher nos informa de que la guía sonora del tambor puede afectar al alineamiento entre la frecuencia de nuestras ondas cerebrales y los estímulos auditivos externos, y que este alineamiento puede reequilibrar el sistema nervioso central.

En el libro de Mickey Hart, *Drumming at the Edge of Magic*, el percusionista nigeriano Babatunde Olatunji describe la capacidad inherente del tambor para realinear el sistema humano: «En el lugar de donde vengo solemos decir que el ritmo es el alma de la vida porque todo el universo gira a su alrededor, y cuando perdemos el ritmo es cuando tenemos problemas. Por esta razón, el tambor, junto con la voz humana, es nuestro instrumento más importante. Es especial».

Melinda Maxfield amplía el trabajo de Neher y confirma la sabiduría de Olatunji. Su investigación descubrió que la percusión en general y el ritmo de tambores en particular, facilitan la aparición de imágenes de contenido ritualista y ceremonial. La investigación de Maxfield refuerza la conclusión de que el trabajo del viaje, combinado con la guía sonora del tambor, permite a las personas acceder a su psicomitología, es decir, al trabajo con las imágenes y la memoria, lo que puede favorecer la sanación y ayudar a transformar la patología. La combinación viaje/tambor puede considerarse una forma antigua de lo que hoy conocemos como técnicas de reducción del estrés, ya que también son formas de inducir un estado alterado de conciencia. (Véase en el Apéndice E un resumen del trabajo de Maxfield.)

> Es el amor el que revela lo eterno en nosotros y en nuestros semejantes.
>
> MIGUEL DE UNAMUNO, *Del sentimiento trágico de la vida*

Meditación tumbada

La *postura tumbada* es la más curativa que el cuerpo puede asumir. El cuerpo asocia esta postura con el descanso y con el bienestar procedente de dar y recibir amor. Es la postura de la rendición y la apertura. La postura tumbada que se asume en el viaje es una forma de poner al cuerpo en su «canoa del espíritu», lo que lo ayuda a abrirse a la guía interna y recibir la sanación. Esta postura también nos da la oportunidad de visualizar las experiencias positivas o desafiantes que necesitamos afrontar y es la posición más empleada para recibir la sanación en muchas culturas distintas.

Cada viaje se considera sagrado. El único requisito es que el individuo observe lo que se le va revelando en términos de sentimientos, sensaciones, recuerdos, asociaciones, percepciones visuales, sonidos, olores y percepción de la nada. Para honrar lo sagrado hay que observar y recordar el material que se ha revelado durante el viaje. Muchas sociedades chamánicas creen que mientras estamos en nuestra canoa espiritual, el Gran Espíritu, los antepasados y los aliados ayudantes nos revelan lo que necesitamos en ese momento para nuestra guía y sanación. Parte del viaje consiste en prestar atención a los lugares a los que vamos y a lo que se nos revela. De esta forma honramos nuestra propia *psicomitología*, que contiene el componente que sana nuestra patología.

La psique está compuesta de tres partes: *logos*, nuestra sabiduría innata; *eros*, nuestra naturaleza amorosa; y *mythos*, nuestra vida de ensueño o mito. La recuperación de nuestra psicomitología personal pasa por el proceso de recordar nuestra sabiduría innata y nuestra naturaleza amorosa por medio de nuestra vida de ensueño o *mythos*. A través de las imágenes y del trabajo del viaje, la psique nos reflejará la guía y el trabajo sanador que necesitamos. Los sueños repetitivos o nuestras imágenes favoritas suelen ser el camino que sigue la psique para mostrarnos los puntos más importantes de nuestra naturaleza. Por ejemplo, si soñamos repeti-

---

Un despertar religioso que no despierta al durmiente al amor le ha despertado en vano.

JESSAMYN WEST
(En WARNER,
Women of Faith)

damente con ir a la escuela y hacer exámenes, puede tratarse de un mensaje importante que nos indica que debemos prestar atención a los desafíos o pruebas que afrontamos en nuestra situación existencial del momento.

Según el doctor en medicina Brugh Joy, son necesarios aproximadamente trece millones de células cerebrales para activar una imagen o recuerdo. Es muy importante prestar atención a por qué un recuerdo concreto, una asociación o una imagen onírica se revela en un momento dado. Si devaluamos o descartamos lo que se nos muestra en el trabajo del viaje, desactivamos la fuerza creativa de nuestra psicomitología personal. La psique no cesa en su empeño de usar todos los símbolos, sentimientos, sensaciones o recuerdos posibles para darnos información del lugar de nuestro viaje en el que nos encontramos a nivel físico, emocional, mental y espiritual.

En las sociedades chamánicas, los símbolos son el puente entre la realidad visible y la invisible, y también son los mecanismos psicológicos que se utilizan para transformar la energía. Estas tradiciones creen que nuestras estructuras simbólicas contienen revelaciones divinas. Los viajes son considerados herramientas de aprendizaje que nos proporcionan sanación, enseñanza y visiones. A cada persona se le presenta lo que necesita a nivel espiritual. Es muy posible que en un viaje no ocurra ninguna de las experiencias que el ego y su programa anticipan, pero el viaje siempre revelará el trabajo espiritual real que la psicomitología innata de ese individuo desea realizar. Consecuentemente, es importante confiar en la sabiduría de la psique y simplemente observar lo que se revela, sin dirigir ni controlar el proceso. Las tradiciones chamánicas sostienen que si no ocurre nada durante el viaje, es un momento de espera e integración más que de emprender acciones; literalmente, es el momento de no hacer nada.

En la tradición chamánica hay tres mundos que podemos visitar durante un viaje: el mundo de arriba, el mundo de abajo y el mundo intermedio. Todas las culturas tienen mitos del ascenso y del descenso. Los mitos de ascenso son,

> Quien pueda ver a través de todos los temores, siempre estará seguro.
>
> Lao Tse, *Tao Te Ching* (Mitchell)

en definitiva, historias de viajes al *mundo de arriba,* en el que encontramos lugares mágicos, maestros importantes y experiencias que nos elevan y expanden. Los viajes al mundo de arriba suelen estar simbolizados por visitas a jardines, vuelos sobre las alas de pájaros, o encuentros con gente que es importante en nuestra vida. En el mundo de arriba recibimos guía y sanación.

Los mitos del descenso son historias sobre viajes al *submundo,* en el que los aliados ayudantes y los animales de poder nos fortalecen para que podamos afrontar con coraje nuestras pruebas internas y externas, nuestros desafíos. Los viajes al submundo —aventurarse dentro de cuevas, bajar al fondo de lagos, o viajar a través de túneles— son formas de recuperar partes perdidas de nosotros mismos.

El *mundo intermedio* es lo que llamamos la realidad: el mundo externo de la salud, las finanzas, el trabajo, la creatividad y las relaciones. Cuando nos vemos volviendo a la habitación en la que emprendimos el viaje, nuestra psicomitología nos está pidiendo que integremos la medicina o el poder de ese viaje en nuestra vida.

En un viaje dado podemos visitar los tres mundos o solo uno de ellos. Cuando estamos haciendo un viaje, cualquier lugar al que vayamos, sea el que sea, es el lugar exacto al que necesitamos ir para convertirnos en agentes sanadores y maestros de los cambios de nuestra vida.

> Todo lo que hace falta para hacer que este mundo sea un lugar mejor es amar; amar como Cristo amó, como Buda amó.
>
> ISADORA DUNCAN
> (En WARNER, *Women of Faith*)

El trabajo de acunamiento

Algunas tradiciones chamánicas de África y las sociedades de Oceanía cuidan de la salud y el bienestar por medio de lo que llaman el *trabajo de acunamiento,* una cuádruple práctica para mantenerse conectado con las partes buenas, verdaderas y bellas de nuestra propia naturaleza. En el trabajo de acunamiento nos tumbamos de espaldas y colocamos las dos manos sobre el corazón (en muchas culturas las manos simbolizan la sanación). Entonces reconocemos silenciosamente las cualidades que más valoramos de nuestro propio carácter, nuestros puntos fuertes, nuestras contribuciones positivas pasadas y presentes, y el amor que hemos dado y recibido.

En las sociedades mencionadas anteriormente, esta práctica se hace normalmente tres veces al día: la primera, en el momento suave del día, la mañana; la segunda, en el momento fuerte del día, la tarde; y la tercera, en el momento sutil del día, la noche. El trabajo de acunamiento y los distintos momentos del día nos recuerdan que somos criaturas suaves, fuertes y sutiles. Actualmente, a estos trabajos sanadores se les llama visualización creativa, trabajo de afirmación o trabajo de autoestima. El trabajo de acunamiento y el del viaje, como hemos visto, son formas de la meditación tumbada. Estas formas de la meditación tumbada se encuentran en muchas tradiciones espirituales y se utilizan para acceder al recurso humano del amor. Esta es la mejor postura para reconocer y transformar los problemas relacionados con el miedo, la ira y el control. Se utiliza para abrirse a los múltiples brazos del amor y para reequilibrar los cuatro compartimientos de nuestro corazón.

LA CONEXIÓN DEL SANADOR CON LA NATURALEZA

Los pueblos aborígenes reconocen que la herramienta más curativa y fortalecedora que tenemos a nuestra disposición es nuestra conexión con la naturaleza salvaje. Muchas culturas indígenas llaman a los árboles «la gente medicina del reino vegetal». Las sociedades chamánicas se ven alteradas cuando se talan grandes masas de árboles y no se replantan. Los pueblos indígenas reconocen que los árboles son importantes para la supervivencia de todos los seres vivos y por eso consideran que tienen una gran medicina. En muy diversas culturas se plantan árboles con ocasión de los nacimientos, las bodas, las muertes y las iniciaciones importantes.

En muchas culturas los árboles simbolizan la transformación por su gran capacidad de cambio de una estación a otra. Las tribus bantúes de África tienen una ceremonia de primavera en la que se ofrecen las heridas y traumas personales a un árbol para que los sane, con la intención de no volver a hablar de ellos en voz alta. El arte rupestre revela la existencia de este mismo ritual en las sociedades prehistóricas europeas, que se expresa en el motivo de la mano-árbol.

Los pueblos indígenas de todo el mundo reconocen la conexión existente entre la naturaleza y la sanación. Santa Hildegarda de Eibingen, una mística del siglo XII, describió esta relación de interconexión (en Fox, *Original Blessing*) cuando dijo: «Toda la naturaleza está a disposición de la humanidad. Hemos de trabajar con ella, porque sin ella, no podemos sobrevivir». Y un poema anónimo dice:

> Antiguo árbol talado.
> Una vieja y profunda herida que se reabre.
> Sanación intemporal está en camino.

Entre otras metáforas de la naturaleza y símbolos atribuidos al camino del sanador se incluye la *Madre Naturaleza* en su totalidad. En muchas tradiciones chamánicas, la dirección *Sur* está asociada con la Madre Naturaleza, el reino vegetal, el reino mineral y las *criaturas de cuatro patas*. Esta es la dirección de la rueda medicinal que usan los pueblos aborígenes para convocar a las personas, en las ceremonias y rituales necesarios para el trabajo de sanación.

El Sur suele asociarse con la *Primavera*; por tanto, esta estación y dirección son consideradas por muchos pueblos indígenas como el lugar de la renovación, la regeneración y la conservación de la salud. Es la dirección que favorece el bienestar de los cuatro compartimientos del corazón la que

---

Con un corazón firme, un ratón puede levantar a un elefante.

Proverbio tibetano
(FELDMAN, *A World Treasury*)

recuerda el poder curativo del amor universal y mantiene la visión equilibrada de la salud. En esta dirección podemos sanar nuestras heridas y liberar los recursos humanos atrapados en los aspectos sombríos del arquetipo curativo.

CÓMO SE REVELA EL SANADOR NO MANIFESTADO: ASPECTOS SOMBRÍOS DEL ARQUETIPO DEL SANADOR, EL NIÑO HERIDO DEL SUR

Experimentamos el lado sombrío del sanador cuando descuidamos nuestra propia salud y bienestar. Cuidar de nuestra salud requiere un compromiso con los hábitos que afirman la vida. Cuando caemos en hábitos que no afirman la vida, el niño herido del Sur revela el aspecto sombrío de este arquetipo: se siente lleno de necesidades, se retira, y acaba siendo un *mártir*. El arquetipo del sanador tiene un aspecto sombrío que revela nuestra naturaleza adictiva y nuestros comportamientos que niegan la vida. Solemos denominarlos *adicciones*. Debajo de cada adicción puede muy bien haber un individuo que sea un mártir indulgente, incapaz de buscar su propia salud y bienestar. Cuando insistimos en estos comportamientos abrimos las puertas a la enfermedad y al malestar.

Cuatro adicciones universales

Quizá lo que llamamos adicciones individuales, como las drogas, el alcohol y el sexo, sean en realidad síntomas de patrones de adicción más profundos que compartimos como especie. Al estudiar las adicciones desde una perspectiva intercultural, descubrí que efectivamente es así, y que hay cuatro pautas básicas de adicción que los seres humanos compartimos:

1. La adicción a la intensidad. En este caso, el recurso humano no reconocido es la expresión del amor.

2. La adicción a la perfección. El recurso humano no reconocido es la expresión de la excelencia y el uso justo del poder.

3. La adicción a la necesidad de saber. El recurso humano no reconocido es la expresión de la sabiduría.

4. La adicción a estar atado a lo que no funciona más que a lo que funciona. El recurso humano no reconocido es la expresión de la visión y de la perspectiva holística.

> Dime a quién quieres y te diré quién eres.
> Proverbio afro-americano
> (FELDMAN, *A World Treasury*)

La *adicción a la intensidad* suele estar presente en los individuos que no soportan el aburrimiento. Si las cosas se vuelven rutinarias y sin chispa, la gente adicta a la intensidad dramatiza y exagera sus experiencias para sentirse viva. Muchas de estas personas utilizan las drogas, el alcohol o el sexo para intensificar su vivencia y crear la ilusión de más chispa y vitalidad. La intensidad es el lado sombrío del amor. Si la adicción a la intensidad está bien desarrollada, el aspecto que espera ser integrado es el recurso humano del amor y el corazón apasionado de los cuatro compartimientos.

La segunda de las adicciones es la *adicción a la perfección*. Algunas sociedades indígenas perciben claramente la diferencia entre perfección y excelencia. La perfección no tolera los errores, mientras que la excelencia los incorpora y aprende de ellos. Las personas adictas a la perfección muestran poca tolerancia hacia los errores o a exponerse a cualquier vulnerabilidad, sea del tipo que sea. Equiparan la vulnerabilidad con la debilidad más que con la fuerza. Contrariamente a esta visión, las sociedades indígenas consideran que la expresión de vulnerabilidad es una muestra de fuerza. Comprenden que la vulnerabilidad es algo que surge intrínsecamente del auténtico yo. Cuando somos adictos a la perfección, comenzamos a participar en la procesión de los muertos vivientes, o nos convertimos en maniquíes andantes. Negamos nuestra humanidad y dedicamos toda nuestra energía a mantener la imagen que queremos dar, nuestra fachada, en lugar de mostrarnos tal como somos. La perfección es el lado sombrío de la excelencia y del uso correcto del poder. Si esta adicción está bien desarrollada, lo que espera ser integrado en el otro lado es el recurso humano del poder y unas excelentes dotes de mando.

La *adicción a la necesidad de saber* es la tercera de las adicciones compartidas por la humanidad. Es importante informarse y saber cosas, pero cuando esta adicción está presente uno se ve impulsado compulsivamente por la necesidad de saber o entender. A estos individuos no les gustan los sucesos inesperados ni las sorpresas. Cuando somos adictos a la necesidad de saber, nos convertimos en maestros del control y tenemos fuertes problemas de desconfianza. Todo tiene que ser analizado, la información ha de ser controlada y debemos seguir una estrategia en las relaciones. Nos hacemos dogmáticos, justicieros, críticos y arrogantes. Estas características son el lado sombrío de la sabiduría. Si esta adicción

---

Es mejor prevenir que sanar.

Proverbio peruano
(FELDMAN, *A World Treasury*)

está bien desarrollada, el recurso humano de la sabiduría, que conlleva características como la objetividad, la claridad y el discernimiento, está esperando ser integrado.

La cuarta es *la adicción a estar atado a lo que no funciona* en lugar de a lo que funciona. La verdad es que la mayor parte de nuestra vida, cuando la miramos como una totalidad, funciona. Tan solo es una porción, una parte de la vida la que no funciona... no su totalidad. Si esta adicción está muy desarrollada, existe una tendencia a exagerar las experiencias negativas y a ampliarlas desproporcionadamente. Tendemos a mirar la vida desde una perspectiva fija, no reconocemos nuestros puntos ciegos y somos incapaces de confiar en la intuición. Esta adicción es el lado oscuro de las cuatro formas de ver: intuición, visión interna, percepción y visión holística. Las cuatro formas de ver nos permiten integrar plenamente el don de la visión y liberarnos de la adicción que nos fija a lo que no funciona. Cuando esta adicción está plenamente desactivada, comenzamos a mirar y valorar las bendiciones, dones, talentos y recursos de que disponemos en nuestra vida.

Los ocho principios sanadores universales

Los ocho principios sanadores, usados por la mayoría de las culturas, aseguran la salud y el bienestar. Cuando no atendemos plenamente a estos principios nos encontramos en el lado sombrío del arquetipo del sanador. Estudia el gráfico que proponemos a continuación y evalúa por ti mismo en qué casos sigues los principios sanadores y en qué casos descuidas tu salud. Reequilibrar aquellas áreas que no apoyan nuestra salud y bienestar nos permite recuperar plenamente el sanador interno.

Favorece la salud y el bienestar	No favorece la salud y el bienestar
1. Dieta equilibrada	1. Dieta desequilibrada
2. Ejercicio diario y semanal	2. Falta de ejercicio
3. Tiempo para divertirse, jugar y reír	3. Pérdida del humor y ausencia de juego y diversión.
4. Música, recitación y cantos	4. Ausencia de música, recitación y cantos
5. Amor, contacto físico y sistemas de apoyo	5. Falta de amor, de contacto físico y de sistemas de apoyo
6. Desarrollo de intereses, aficiones y proyectos creativos	6. Falta de intereses, aficiones y proyectos creativos
7. La naturaleza, la belleza y los entornos sanadores	7. Ausencia de contacto con la naturaleza, la belleza y los entornos sanadores
8. La fe y el creer en lo sobrenatural	8. Falta de fe y la negación de lo sobrenatural

PROCESOS Y RECORDATORIOS: PRÁCTICAS IMPORTANTES PARA DESARROLLAR EL SANADOR INTERNO

1. *Dedica al menos quince minutos al día a la meditación tumbada.* Registra tus experiencias en tu diario o crea un diario especial para esta meditación.

Meditación tumbada

Acceder al sanador interno.
Acceder a las cualidades del amor y la renovación.

Propósito

El propósito de la meditación tumbada es honrar este tiempo dedicado a lo sagrado. Es un tiempo que reservamos y dedicamos a la introspección, a la contemplación, al descubrimiento: a honrar lo sagrado o divino.

Postura

Túmbate en el suelo con los ojos abiertos y suavemente enfocados en un punto lejano. Pon los brazos a ambos lados, dejando uno de ellos descansar paralelo al cuerpo y doblando el otro por el codo, con el antebrazo perpendicular al suelo. El antebrazo elevado te impedirá dormir; si te duermes, el brazo te despertará al caer al suelo o sobre tu cuerpo.

Proceso

Dentro de esta postura y de este tiempo dedicado a lo sagrado puedes elegir conscientemente sanarte y sanar a los demás. Puedes tomar contacto con la energía curativa, nutricia, amorosa y reconfortante que reside dentro de ti, y solicitar la ayuda y la guía divina para sanar las partes heridas de tu naturaleza.

La meditación tumbada es la postura más asociada con la recuperación de la plenitud y la experiencia directa del amor humano y divino. Es una postura universal que todos los seres humanos utilizamos para descansar, dormir y soñar. Utilizada conscientemente, la postura misma puede ser un vehículo que te permita desarrollar la autoestima y cuidar de ti mismo en la misma medida que cuidas de los demás.

2. *Dedica entre cinco y diez minutos al trabajo de acunamiento para mantener y aumentar tu autoestima.*

El ejercicio chamánico del acunamiento es una cuádruple práctica dedicada a honrar al gran ser que eres y a recor-

---

El corazón descansado ve una fiesta en todo.

Proverbio hindú
(FELDMAN, *A World Treasury*)

dar la profunda interconexión que sustenta y vincula a todos los seres.

Túmbate en la postura del sanador interno: coloca tu mano derecha sobre el corazón y la izquierda sobre la derecha.

A continuación:

- reconoce tus puntos fuertes y talentos,

- reconoce los rasgos que más te gustan de tu carácter,

- reconoce las contribuciones que has hecho y que estás haciendo,

- reconoce el amor que has dado y el que has recibido.

3. *Identifica tu herida: esa historia personal que siempre compartes y que está vinculada con algún suceso traumático.* Ofrece esa herida a un árbol especial y no vuelvas a hablar de ella. Algunas culturas indígenas utilizan esta práctica para que nos comprometamos con la sanación de nuestras heridas.

4. *Al menos una vez al mes, realiza un viaje con acompañamiento de tambores.* Utiliza una cinta de tambores de Michael Harner o del *I Ching*, o haz que alguien toque el tambor para ti.

5. *Dedica algún tiempo cada día a comprobar el estado de tu corazón de cuatro compartimientos.* ¿Estás prestando atención a lo que tiene corazón y significado para ti? ¿O está tu corazón atrapado en los «debería»?

La oración del hombre medicina

¡Escucha, sueño mío!
Lo que dijiste debe hacerse.
Lo que dijiste debe ser el camino.
Dijiste que esto sanaría a los enfermos.
Ayúdame ahora.
No me mientas.
Ayúdame, persona solar.
Ayúdame a sanar al enfermo.

Pies negros,
en BIERHORST, The Sacred Path

Resumen del arquetipo del sanador

El arquetipo del sanador exige que prestemos atención a todo lo que tiene corazón y significado para nosotros. Desarrollamos nuestro sanador interno cuando prestamos atención al estado y bienestar de nuestro corazón de cuatro compartimientos; cuando reconocemos los méritos ajenos y abrimos los brazos del amor a los demás y a nosotros mismos; y cuando mantenemos una visión equilibrada de la salud.

El corazón de los cuatro compartimientos

- El corazón pleno
- El corazón abierto
- El corazón claro
- El corazón fuerte

El corazón de los cuatro compartimientos nos permite experimentar los seis tipos de amor universal

- El amor entre compañeros y amantes
- El amor entre padres e hijos
- El amor entre amigos y colegas
- El amor en las alianzas profesionales; maestro/estudiante; terapeuta/cliente, etc.
- El amor a uno mismo
- El amor incondicional o espiritual

Cuatro adicciones humanas y cuatro recursos que esperan ser recuperados

- Adicción a la intensidad (recurso humano: el amor)
- Adicción a la perfección (recurso humano: el poder y la excelencia)
- Adicción a la necesidad de conocer (recurso humano: la sabiduría)
- Adicción a lo que no funciona, en lugar de a lo que funciona (recurso humano: la visión)

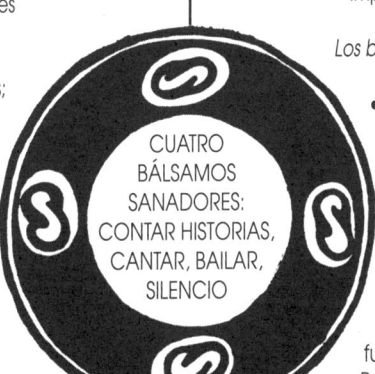

CUATRO BÁLSAMOS SANADORES: CONTAR HISTORIAS, CANTAR, BAILAR, SILENCIO

Las cuatro categorías universales del reconocimiento humano

- Habilidades
- Carácter
- Apariencia externa
- Impacto que nos causamos mutuamente

Los brazos del amor

- Reconocimiento
- Aceptación
- Gratitud
- Reconocimiento
- Validez

Trabajo de acunamiento

- Reconocimiento de tus puntos fuertes
- Reconocimiento de las cualidades que más te gustan de ti mismo
- Reconocimiento de las contribuciones que estás haciendo y que has hecho
- Reconocimiento del amor que has dado y recibido, y del amor que estás dando y recibiendo

Preguntas

Piensa en tus respuestas a las siguientes preguntas. Para desarrollar el sanador interno, pregunta y responde a la pregunta diez diariamente.

1. *¿Cuáles son mis cuentos infantiles favoritos? ¿Qué historias infantiles he transmitido a otros?*

2. *¿Cuáles son las historias personales que cuento a la gente nueva que conozco? ¿Cuáles son tus historias espirituales, tus historias familiares y tus historias de amor favoritas?*

3. *¿Qué es lo que sé del amor? ¿Quiénes han sido los maestros de mi corazón?* Crea un *collage* de tus maestros favoritos o escríbeles cartas de agradecimiento.

4. *¿Cuáles son los bloqueos y obstáculos que se interponen en mi camino a la hora de dar amor? ¿Cuáles son los bloqueos y obstáculos que se interponen en mi camino a la hora de recibir amor?*

5. *¿Dónde y con quién siento que mi amor es recibido? ¿Quiénes son los catalizadores de la sanación en mi vida?*

6. *De los cuatro reconocimientos universales, ¿cuáles he recibido de manera continuada? ¿Cuáles he recibido ocasionalmente?* (Véase el cuadro resumen.)

7. *De las cuatro adicciones, ¿en cuál tengo más experiencia y cuál está más desarrollada en mí?* (Véase el cuadro resumen.)

8. *Repasa la visión equilibrada de Jeanne Achterberg sobre la sanación. ¿Cuáles de estos conceptos o visiones no están plenamente incorporados en mi propio concepto de sanación? ¿Cómo puedo incorporar estas visiones a mi vida diaria?*

9. *De los ocho principios universales que favorecen la salud y el bienestar, ¿cuáles practico en exceso y cuáles no he desarrollado suficientemente?* Usa el resto del año para equilibrarlos.

10. *¿En qué estado está mi corazón de cuatro compartimientos? ¿Dónde siento que pongo todo mi corazón? ¿Dónde siento que mi corazón está claro? ¿Dónde siento que mi corazón está abierto? ¿Dónde siento que mi corazón es fuerte?*

ODA A MI PADRE
SANAR AL CRÍTICO

Cuando me despierto por la mañana,
o es el día siguiente, un día que sigue
a muchos, muchos otros,
o es el primer día.
Cuando es el día siguiente
después de muchos, muchos otros,
sé que ha llegado el momento
de atravesar la puerta,
para mirar detenidamente a esa parte oscura de mí
que me está llamando.
Y conectar con ese lugar de voluntad
para volver a mirar.

Sé que ha llegado el momento
de atravesar la puerta
y mirar detenidamente al crítico interno,
que solo quiere que escuche
lo que debe ser oído,
para después poder sanar
y recuperar esa parte de mí.
Cuando me despierto por la mañana,
o es el día siguiente,
después de muchos, muchos días,
o es el primer día.
Hoy, es el primer día
de lo que existe ahora.

TWAINHART HILL

LA SENDA DEL VIDENTE

Una de las primeras cosas que hacen los niños pequeños es cantarse a sí mismos. La gente suele cantarse de manera espontánea; es una utilización diferente de la voz. Cuando se habla de «canciones» no tenemos por qué limitar nuestra idea de ellas al uso de letras y melodías, sino que deberíamos entenderlo como el uso de la voz en sí, que es la diosa sánscrita Vak, diosa del discurso, de la música, del lenguaje y de la inteligencia. La voz misma es una manifestación de nuestro ser interno.

GARY SNYDER, The Real Work

Dirección: Este
Elemento: Fuego
Criatura: Las criaturas del desierto y las criaturas sin piernas
Recurso humano: La visión
Tipo de meditación: Caminando
Forma de vida: Colocación justa
Cuádruple sendero: Decir la verdad
Bálsamo curativo: Cantar
Instrumento: La campana
Estación: El verano

A nivel transcultural, los distintos pueblos indígenas tienen muchos
puntos de vista diferentes respecto a las direcciones y a las estaciones,
pero la mayoría de ellos las ven tal como las presentamos aquí.

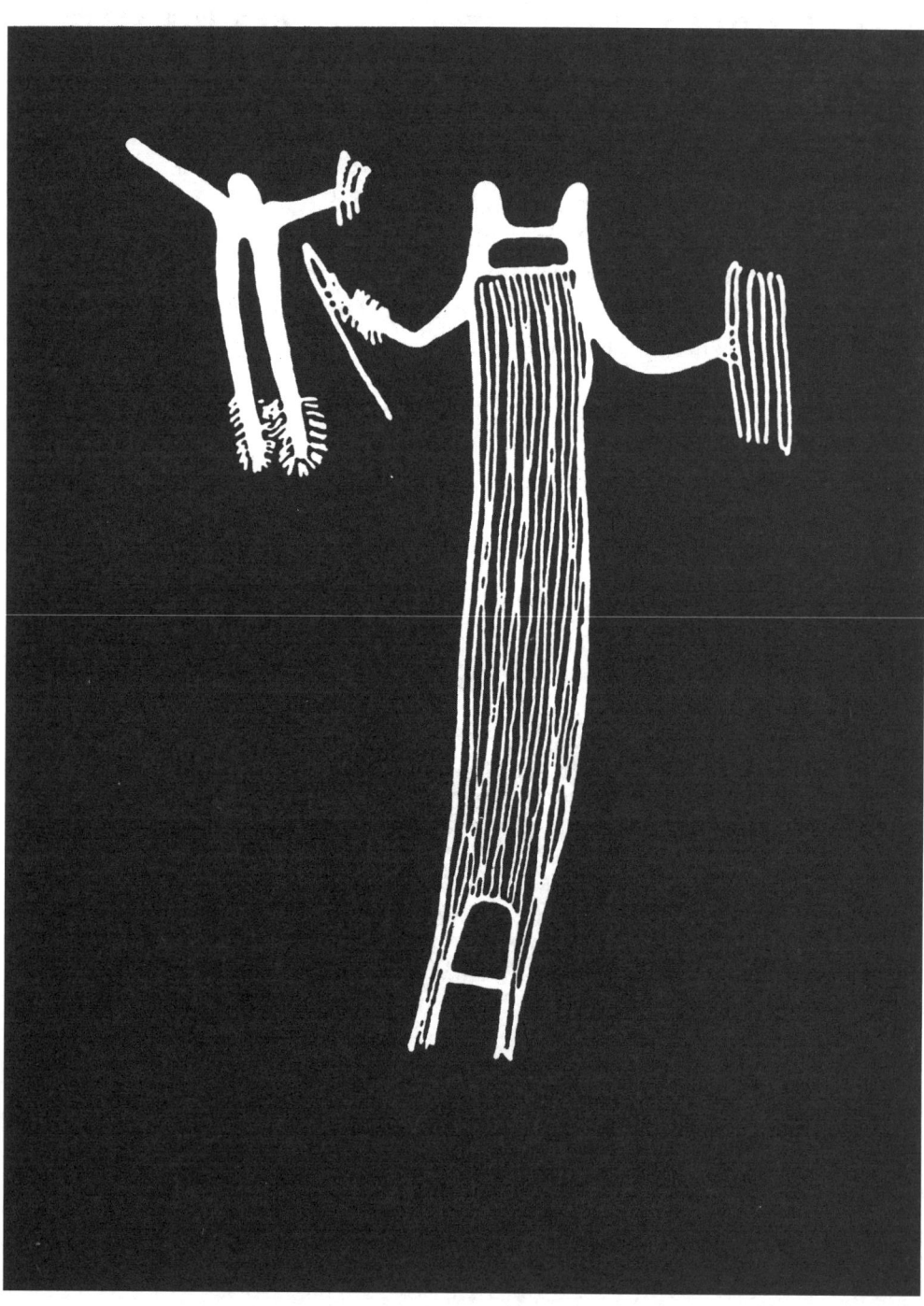

D I LA VERDAD SIN CULPABILIDAD NI JUICIO

Cuando seguimos el camino del vidente, somos capaces de manifestar la verdad. En las sociedades indígenas, los videntes pueden ser chamanes o artesanos, pero lo más importante es que estas sociedades animan a sus miembros a buscar y expresar la verdad.

El principio que guía al vidente es *decir la verdad sin culpabilidad ni juicio*. Cuando expresamos nuestro vidente interno, conocemos y comunicamos nuestro *propósito creativo y el sueño que deseamos realizar en nuestra vida*, actuamos desde nuestro *auténtico yo*, somos *veraces* y *honramos las cuatro formas de ver*.

El propósito creativo y el sueño que deseamos realizar en nuestra vida

Todas las culturas respetan la importancia de la visión y su capacidad de magnetizar, o abrir, el espíritu creativo. El arquetipo del vidente nos resulta familiar porque actúa como un recordatorio silencioso pero constante de que no debemos olvidar nuestro propósito existencial, el sueño que deseamos realizar en nuestra vida.

Como señalamos en el camino del guerrero, muchas culturas aborígenes de América creen que cada individuo es pura medicina original, sin duplicado en el planeta; por tanto, es importante manifestar el propio espíritu creativo, el propósito o sueño de nuestra vida en la tierra. Si no lo hacemos, la sanación no llegará a nuestra vida familiar y profesional. Nuestro trabajo es el de manifestarnos plenamente con todos nuestros dones, talentos y recursos, y afrontar las pruebas y desafíos que se nos presentan. Gandhi reconoció esta simple verdad cuando dijo: «Mi vida es mi mensaje».

Autenticidad

> Si no eres bueno contigo mismo, ¿cómo puedes serlo con los demás?
>
> Proverbio español
> (FELDMAN, *A World Treasury*)

Cuando recordamos quiénes somos, manifestamos nuestra auténtica identidad. Pero en muchas ocasiones nos vemos obligados a ocultar nuestro verdadero yo a una edad muy temprana para poder sobrevivir. Después, llega un momento en el que ya no necesitamos seguir con la ocultación, pero entonces nos resulta difícil romper con los hábitos adquiridos. Cada día tenemos que volver a elegir entre apoyar nuestro yo auténtico o el falso yo.

Entre algunas culturas aborígenes de América, el término «Círculo Sagrado» es sinónimo de «autenticidad», de estar conectado con la propia espiritualidad. Estos pueblos dicen que cuando tenemos la experiencia de ser nosotros mismos, estamos dentro de «nuestro Círculo Sagrado», y cuando llegamos a ser quienes somos, «nos sentamos en nuestro Círculo Sagrado».

Ed McGaa, el hombre águila de los sioux oglala, nos recuerda en *Rainbow Tribe* el poder de la ceremonia y de la vuelta a casa de nuestro propio yo, cuando dice: «El Gran Misterio es obviamente verdadero. Lo cerca que una persona pueda llegar de la Armonía del Creador decidirá hasta dónde llega el poder de una ceremonia».

La mayoría de las tradiciones citan dos actitudes o pautas de comportamiento que pueden sacarnos de nuestro Círculo Sagrado, de nuestra verdadera naturaleza. En su libro *Staying Alive,* el psiquiatra Roger Walsh las describe como *pautas de negación* y *pautas de indulgencia*. Cada ser humano, sea cual sea su condicionamiento cultural y su impronta familiar, experimenta estas pautas en algún momento de su vida.

Expresamos negación en nuestra vida cuando evitamos a cierta gente o ciertos problemas y cuando solo vemos las cosas como nosotros queremos que sean en lugar de aceptarlas tal como son. Debajo de cada patrón de negación subyacen el miedo a no poder lidiar con un conflicto y la profunda necesidad humana de mantener la paz, el equilibrio y la armonía a toda costa. En la negación profunda nos abandonamos y nos conformamos con mantener la paz, en lugar de arriesgarnos a comunicar lo que sentimos directamente.

Somos indulgentes cuando dramatizamos nuestra experiencia, cuando exageramos un problema o situación para llamar la atención. Debajo de un patrón de este tipo subyace una profunda necesidad de aprobación y de aceptación regulada por el miedo a no ser visto o por el miedo a ser visto. La gente que monta escenas, que tiene rabietas o que exagera las cosas fuera de toda proporción, en realidad tiene una profunda necesidad de ser aceptada. Como se sienten aterrados por sus propios sentimientos de inseguridad o vulnerabilidad, utilizan la exageración para ocultarlos.

El vidente sabe disolver las polaridades y las paradojas contenidas en estas pautas de negación e indulgencia. Rumi, el poeta persa del siglo XIII (en *Open Secret,* traducido por Barks) describe este proceso:

> Más allá de las ideas sobre lo que está bien
> o lo que está mal,
> hay un campo,
> me encontraré contigo allí.

> ... Estaba viendo de manera sagrada la forma de todas las cosas en el espíritu, y las formas de todas las cosas tal como deben vivir, juntas, como un solo ser. Y vi que el círculo sagrado de mi pueblo era uno de los muchos círculos que formaban el círculo, amplio como la luz del día y la luz de las estrellas, y que en su centro crecía un gran árbol floreciente que daba abrigo a todos los hijos de la misma madre y del mismo padre.
>
> BLACK ELK
> (En NEIHARDT,
> *Alce Negro habla*)

Podemos liberar el campo de creatividad que existe dentro de cada uno de nosotros dejando atrás nuestras ideas sobre lo que está bien y lo que está mal. Cuando somos capaces de responder con un «sí» a la pregunta: «¿Es mi autoestima tan fuerte como mi autocrítica?», entonces estamos preparados para desarrollar nuestra expresión creativa, más allá de las pautas de negación o indulgencia. Rumi sugiere que, cuando estamos en conexión con nuestra autenticidad, el campo de la creatividad ilimitada siempre está disponible.

Decir la verdad

El camino del vidente es ser auténtico y permanecer dentro del círculo Sagrado, diciendo la verdad sin culpabilidad ni

> Porque los que no saben llorar, tampoco saben reír.
>
> GOLDA MEIR
> (En VAN EKEREN, *The Speaker's Sourcebook*)

juicio. *Decir la verdad* es un valor universal que hace colapsar las pautas de negación e indulgencia. Leslie Gray, de ascendencia oneida, powhatan y semínola que está tendiendo un puente entre los estudios de las etnias aborígenes y la psicología, narra que en algunas culturas a expresar la verdad se le denomina «hablar con la lengua del espíritu». El autor William Schutz, en *The Truth Option*, afirma que decir la verdad aumenta la riqueza de las relaciones interpersonales. Para presentarnos ante los demás tal como somos «y para tener las relaciones humanas más satisfactorias, debemos ser al mismo tiempo conscientes y honestos».

Expresar la verdad sin culpabilidad ni juicio es ser capaz de decir las cosas tal como son. A continuación propongo algunos ejemplos para ilustrar el hecho de que podemos decir las cosas como son sin renunciar a nuestras ideas y sentimientos. Estas afirmaciones no conllevan culpabilidad ni juicio, y cada una de ellas refleja una forma de «hablar con la lengua del espíritu»:

«Estoy celoso y temo perderte».

«Ahora mismo me siento tan lleno de prejuicios y tan crítico que no confío en lo que salga de mi boca».

«Me siento decepcionado con la situación porque mis expectativas eran muy poco realistas».

«Ahora mismo me siento inseguro y necesito que me brindes tu apoyo».

«Estoy tan enfadado y molesto en este momento que necesito un poco de espacio».

«No sé dónde me encuentro con respecto a ti».

«Este tipo de comunicación no funciona para mí».

«Me siento muy animado con el nuevo trabajo, pero necesito precisar más mis tareas».

Cuando la comunicación es íntegra siempre tiene en cuenta el contexto y el momento adecuado para expresar sus contenidos. A veces sabemos exactamente lo que queremos decir, pero consideramos que no es el lugar apropiado ni el momento justo para expresarlo. La comunicación directa —dar voz a lo que vemos sin culpabilidad ni juicio— implica tener en cuenta que la palabra, el tono de voz y la postura corporal deben estar alineados.

> ... inextinguible sed de verdad que yo deseo para mí mismo.
>
> MIGUEL DE UNAMUNO, *Del sentimiento trágico de la vida*

Las cuatro formas de ver

Es importante que honremos las *cuatro formas de ver: intuición, percepción, visión interna* y *visión holística*. Para muchas culturas indígenas la intuición es la fuente que activa la visión externa (percepción), la visión interna y la visión holística. Para estas sociedades, prestar atención a estos modos de ver es una forma de honrar y respetar lo sagrado. Respetamos nuestros procesos videntes cuando damos voz, cuando ponemos palabras a lo que vemos o sentimos. El arquetipo del vidente nos impulsa a traer nuestra voz y creatividad al mundo.

El recurso humano de la visión (el arquetipo interno del vidente) abre nuestro espíritu creativo y lleva nuestra voz y autenticidad al mundo. En *The Courage to Create*, el psicoanalista Rollo May dice lo mismo que las tradiciones chamánicas han afirmado y practicado durante siglos: «Si no expresas tus propias ideas originales, si no escuchas a tu propio ser, te habrás traicionado».

El arquetipo del vidente —el incesante poder interno que nos invita constantemente a ser quienes somos— requiere la expresión de nuestra autenticidad, de nuestra visión y de nuestra creatividad. La escritora Gertrude Stein contactó con este arquetipo cuando dijo a los jóvenes escritores de su tiempo: «Tenéis que saber lo que queréis conseguir. Pero cuando lo sepáis, dejaos llevar por ello. Y si parece que os saca de la pista, no os resistáis, porque posiblemente ahí es donde instintivamente deseáis estar. Y si os resistís e

> El hombre no es un ser que esté inmóvil, es un ser en proceso de evolución. Cuanto más se involucre en ese proceso, más desarrollará su verdadera misión.
>
> RUDOLPH STEINER (En VAN EKEREN, *The Speaker's Sourcebook*)

intentáis volver a donde estuvisteis anteriormente, os quedaréis secos» (Fritz, *The Path of Least Resistance*).

HERRAMIENTAS DE PODER DEL VIDENTE

Las herramientas de poder del vidente son *cantar, el trabajo con campanas, la meditación, la contemplación, la oración* y la *búsqueda de la visión*.

Cantar: canciones de poder

Todas las culturas traen su voz al mundo a través del bálsamo curativo del *canto*. A través de canciones, cánticos y relatos, las sociedades aborígenes tratan de permanecer dentro de su Círculo Sagrado. Para algunas de estas tradiciones, una forma de estar conectado con el Gran Espíritu es «cantar por tu vida». En África se dice: «Si puedes hablar, puedes cantar; si puedes andar, puedes bailar». Las sociedades de Oceanía creen que si quieres aprender a decir la verdad, debes comenzar a cantar. Estas antiguas sociedades se dieron cuenta hace mucho tiempo de que cantar es una fuente de sanación.

Entre las culturas indígenas existe la creencia de que nuestras canciones favoritas son nuestras *canciones de poder*. Examina tus canciones favoritas. Están conectadas con los aspectos creativos de tu personalidad y revelan importantes facetas de tu auténtico ser. Otra de sus creencias es que la canción más poderosa es la que creas con tus palabras y con tu propia melodía. Comienza a crear tu propio repertorio de canciones de poder originales. Observa cómo los temas de tus canciones liberan más creatividad y revelan lo que tiene sentido para ti.

El trabajo con la voz, sea de la forma que sea: cantar, recitar, emitir sonidos inarticulados o hacer prácticas de inducción vocal, alimenta la esencia de nuestro ser. Peggy Beck y Anna Walters, en su libro *The Sacred*, ponen de relieve la relación existente entre las canciones y el espíritu, recordándonos cómo ven esta relación los pueblos aborígenes: «Los pueblos [indígenas] equiparan y asocian la canción, el lenguaje y la respiración; dicen que la vida humana está muy conectada con la respiración, la respiración con la canción, la canción con la plegaria y la plegaria con la larga vida; este es uno de los grandes círculos de la creación».

La música litúrgica nos recuerda que los *tres sonidos sagrados,* presentes en toda la música sacra, están directamente relacionados con las tres fuerzas vitales universales: dinamismo, magnetismo e integración. Estos tres sonidos sagrados son EE [pronunciado «I»], OH, y AH. El sonido EE es el medio por el que los seres humanos trabajamos con la fuerza vital del dinamismo; el sonido OH es el medio por el que trabajamos con la fuerza vital del magnetismo; y el sonido AH es el medio por el que trabajamos con la fuerza vital de la integración. Usamos el *dinamismo* (EE) para iniciar o hacer avanzar un proyecto o experiencia. Es la energía usada para la expansión y el crecimiento. El *magnetismo* (OH) se usa para abrir, recibir y profundizar nuestras experiencias. Usamos la *integración* (AH) para aplicar, sintetizar y consolidar la experiencia. Necesitamos estas tres fuerzas vitales para expresarnos creativamente. Para comenzar cualquier proyecto creativo, en primer lugar, el aspecto dinámico de nuestra naturaleza debe generarlo. Nuestra naturaleza magnética es la fuerza de vida que atrae nuevas energías para potenciar y hacer avanzar el proyecto. La energía integradora sintetiza y produce el verdadero proyecto o producto creativo.

Los cánticos chamánicos, los sonidos armónicos tibetanos, las vocalizaciones de los cantores judíos y los can-

---

No canto porque me siento feliz; me siento feliz porque canto.

WILLIAM JAMES
(En VAN EKEREN, *The Speaker's Sourcebook*)

> El alma siempre es hermosa,
> el universo está debidamente en orden,
> cada cosa está en su lugar,
> lo que ha llegado está en su
> lugar y lo que espera estará
> en su lugar.
>
> Walt Whitman,
> *Obras completas*

tos gregorianos son buenos ejemplos de tradiciones espirituales que trabajan con los sonidos sagrados para alinear las tres fuerzas de vida. En el estadio preverbal, todos los niños experimentan con estos tres sonidos para realinear sus patrones energéticos de dinamismo, magnetismo e integración.

Trabajo con campanas

En la mayoría de las culturas, el instrumento que se asocia con la espiritualidad y que se utiliza para convocar a la gente es la *campana*. Arquetípicamente, la campana hace la función de una voz sonora que nos llama a recordar nuestro auténtico propósito o «vocación». La campana sirve para conectarnos con nuestros aspectos espirituales y se usa en todas las culturas. En algunas tradiciones chamánicas, la gente ata campanillas o cascabeles a sus tobillos y muñecas para recordar que deben ofrecer sus sueños, visiones y oraciones a la Madre Tierra. Las campanas tibetanas, hindúes, los gongs orientales, las campanas africanas y los coros de campanas sirven para reforzar y potenciar los sueños que deseamos realizar en la vida, las oraciones, las visiones y la inspiración espiritual.

Meditación, oración, contemplación

Todas las culturas tienen vías de acceso a los aspectos sobrenaturales y espirituales de la naturaleza humana. Tradicionalmente, estas vías proponen herramientas como la oración, la contemplación y las prácticas meditativas, que son puertas y oportunidades para ponerse en contacto con el gran ser que somos. La meditación nos da la oportunidad de descubrir, revelar y recuperar aspectos de nosotros mismos. Se puede pensar que la meditación es una triple puerta: nos da acceso a símbolos, recuerdos y asociaciones; funciona como un puente entre los mundos externos e internos; y revela la criatura divina que somos. En las culturas indígenas, las prácticas meditativas se equiparan con el trabajo del viaje, que es la forma utilizada por los pueblos aborígenes para honrar lo sagrado. Es su forma de alcanzar un estado alterado que sea natural, un tipo de contemplación o meditación.

Meditación caminando

A través de la *meditación caminando*, nuestro vidente interno nos abre a la creatividad. En esta meditación elegimos conscientemente un tema o problema en el que centrarnos, después lo dejamos ir y observamos lo que se nos va revelando mientras caminamos.

Este tipo de meditación suele denominarse «meditación en movimiento». Hagamos lo que hagamos: caminar, cocinar, correr o nadar, podemos hacerlo en un estado alterado de conciencia, en un estado meditativo. Cuando nuestro cuerpo se mueve y está abierto, nos convertimos en vehículos para la resolución creativa de problemas.

La meditación caminando o en movimiento libera nuestro espíritu creativo. Es muy importante que prestemos atención a todos nuestros procesos y a las soluciones creativas que se nos presentan mientras hacemos este tipo de meditación. Algunas culturas indígenas caminan largas distancias durante los ritos de iniciación para recuperar el yo auténtico. Los aborígenes australianos a estas prácticas las denominan «caminatas» y entre los pueblos indígenas de América del Norte se conocen como «salir en busca de la visión». Su propósito es la adquisición de herramientas y recursos creativos para poder después enseñar técnicas y métodos de supervivencia.

El poder de la plegaria

La plegaria puede ser el medio que nos permita visualizar las experiencias que deseamos y sus resultados. En su libro

> Ayúdanos a ser siempre
> los esperanzados jardineros del espíritu
> que saben que sin oscuridad nada nace,
> de la misma forma que sin luz nada florece.
>
> MAY SARTON,
> *Journal of Solitude*

> Rezo y canto. Y a veces mi oración es mi canto.
>
> BOBBY MCFERRIN

«¿Qué es real?» preguntó un día el Conejo, mientras estaban allí tumbados uno al lado del otro... «¿Significa tener cosas que zumban dentro de ti y una manilla con la que te dan cuerda?»

«Ser real no tiene que ver con cómo estás hecho», dijo el Caballo de Piel. «Es algo que te ocurre. Cuando un niño te ama durante mucho tiempo, pero no solo para jugar contigo, sino que te ama REALMENTE, entonces te haces real».

«¿Duele?», preguntó el Conejo.

«A veces», dijo el Caballo de Piel, porque él siempre decía la verdad. «Pero cuando eres real no te importa sentirte herido».

«¿Ocurre todo de una vez, como cuando te dan cuerda», preguntó el conejo, «o poco a poco?»

«No ocurre todo de una vez. Te vas volviendo real. Es algo que lleva mucho tiempo. Por eso no suele ocurrirles a los que se rompen

Recovering the Soul, Larry Dossey describe que la mayoría de las tradiciones afirman que la plegaria tiene un gran poder curativo y una larga y honrosa tradición como forma de intercesión o intermediación en casos de enfermedad. Explica que los «investigadores de la plegaria» y los «científicos clínicos» nos ofrecen algunas de las pruebas más notables de que la mente puede actuar sobre la materia de manera decisiva y, además, puede hacerlo a distancia; esta intervención de la mente puede suponer la diferencia entre la vida y la muerte para la persona enferma. «Nuestro problema a la hora de evaluar el papel de la oración dentro del campo de la salud procede en gran medida de nuestra curiosa forma de concebir los conceptos de distancia y 'ámbito local' en medicina». Muchos pueblos indígenas reconocen que, por medio de la oración, los sueños y las visiones, los individuos pueden tocar el corazón y el espíritu de otros seres humanos, sin tener en cuenta el tiempo y la distancia que los separan.

Para el filósofo vasco Miguel de Unamuno, la oración era una forma de alimentar el hambre de divinidad y de conectar con el bienestar que reside dentro del ser humano. En *Del sentimiento trágico de la vida*, describe elocuentemente lo que ocurre cuando conectamos con nuestra divinidad: «Esta añoranza o hambre de divinidad engendra esperanza, engendra fe, y la fe y la esperanza engendran caridad. De esta añoranza de lo divino nace nuestro sentido de la belleza, de la finalidad, de la bondad».

En la meditación escuchamos y aplicamos la guía recibida. La distinción entre oración y meditación ha sido descrita de manera óptima por una amiga mía de nueve años que dice: «Oración es cuando hablas a Dios y meditación es cuando escuchas lo que Dios tiene que decirte». En la mayoría de las sociedades, la oración es la forma de dialogar con lo sagrado. May Sarton se hace eco de esta definición en su *Journal of a Solitude*, cuando relata la definición de plegaria dada por Simone Weil: «La atención absoluta es oración».

A nivel intercultural, la atención a lo sagrado ha creado tres tipos de oración: la oración de petición, la oración de adoración y la oración de gratitud. La *plegaria dirigida* o plegaria de petición, es aquella en la que la mente se dirige a un objetivo, imagen o resultado específicos. Por contraste, *la oración no dirigida*, supone un planteamiento abierto en el que no se tiene en mente ningún resultado específico. En la oración no dirigida el individuo no intenta decir al universo lo que tiene que hacer. En Occidente, la oración no dirigida a menudo acaba con la frase: «Hágase tu voluntad», o «Por el bien más alto de todos los seres». Ambos tipos de oración, la dirigida y la no dirigida, pueden incluir plegarias de gratitud y adoración.

Algunas culturas indígenas utilizan canciones repetitivas como oraciones. Emplean tanto la oración dirigida como la no dirigida porque consideran que los sueños, visiones y percepciones internas son revelaciones o plegarias que pueden ser usadas en favor de los miembros de la familia, de los amigos, de los colegas y de la Madre Naturaleza. La oración dirigida implica una intención y la plegaria no dirigida demuestra confianza. La combinación de ambas nos permite acceder plenamente a nuestra visión, conectar con nuestra fe y confiar en el misterio que somos.

fácilmente, o a los que tienen cantos afilados, o a los que tienen que tratarse con mucho cuidado. Generalmente, para cuando te haces real, te han cortado casi todo el pelo, se te caen los ojos, tienes las articulaciones flojas y estás completamente andrajoso. Pero todo eso no importa nada porque una vez que eres real ya no puedes ser feo, excepto para la gente que no comprende».

MARGERY WILLIAMS,
The Velveteen Rabbit

La búsqueda de la visión

Muchas tradiciones chamánicas creen que cuando pasamos tiempo solos en la naturaleza con el propósito de reflexionar y obtener guía, se reaviva nuestro propósito vital y recordamos la medicina original que poseemos para poder ofrecerla a los seres humanos y a todas las criaturas.

Estas tradiciones ponen un énfasis especial en la necesidad de confiar en la propia visión e intuición, especialmente en el contexto de la *búsqueda de la visión*. Muchas culturas indígenas utilizan la búsqueda de la visión —un período prolongado de soledad que se pasa en la naturaleza— para revisar, recuperar y recordar el sueño para realizar en la propia vida o espíritu creativo. Las modernas salidas a la naturaleza, como campings, excursiones, paseos y retiros solitarios, utilizan los mismos principios que la búsqueda de la visión para obtener similares resultados.

De niños, pasamos más tiempo fuera que dentro de casa. Cuando somos adultos tendemos a hacer lo contrario. El niño que tenemos dentro sabe instintivamente que la naturaleza externa es un profundo reflejo y es la maestra de nuestra naturaleza interna. El psicoanalista Carl Jung sufrió una profunda depresión hacia la mitad de su vida y reconoció que para recuperar su propósito vital, el sueño para realizar en su vida, tenía que recuperar a su niño divino interno. Comenzó a reflexionar sobre su infancia y recordó que siempre entraba en un espacio intemporal cuando construía castillos de arena con pequeños guijarros. De adulto utilizó esta información para sacarse a sí mismo de la depresión, y la plasmó construyéndose una casa con grandes piedras y cemento.

Como resultado de esta experiencia, Jung descubrió que nuestro *mythos* vital, el sueño que deseamos realizar en nuestra vida, puede muy bien estar contenido en esas actividades infantiles que realizábamos en solitario durante horas. Solía hacer que sus clientes regresaran a las edades de entre cuatro y doce años para recordar estas actividades intemporales y solitarias. Recuperando estas actividades y recuerdos, podemos revitalizar la cualidad de nuestra experiencia existencial y hacer partícipe al niño divino y al sueño de nuestra vida de nuestras actividades adultas.

LA CONEXIÓN DEL VIDENTE CON LA NATURALEZA

> Habla a la tierra,
> y ella te enseñará.
> JOB 12:8

Algunas sociedades indígenas utilizan la búsqueda de la visión como una forma de revisar, de volver a soñar y de repasar nuestra intención para ver si está alineada con el propósito creativo. El tiempo que pasamos en soledad, particularmente cuando estamos en contacto con la naturaleza, nos permite renovarnos y regenerarnos.

En muchas tradiciones chamánicas, la dirección *Este* está considerada como el hogar del *sol naciente,* el *Gran Espíritu,* las *criaturas del desierto, serpientes, lagartijas* y *tortugas.* En la rueda medicinal, los pueblos aborígenes usan esta dirección para invocar el poder de la visión, los sueños y la guía espiritual. El Este suele estar asociado con el *Verano,* por lo que esta dirección y estación se consideran un lugar de abundancia, plenitud y prosperidad. El verano es la estación en la que la naturaleza alcanza su plenitud.

Los oráculos han sido usados por los seres humanos de todas las sociedades para ayudarse en el pleno desarrollo de su naturaleza. Esta dirección nos recuerda que debemos conectar con el misterio que somos, realizar plenamente el sueño de nuestra vida y dar voz a lo que vemos.

Cómo se revela el vidente no manifestado: los aspectos sombríos del arquetipo del vidente, el niño herido del este

A nivel arquetípico, como ya hemos visto, el vidente es el que dice la verdad. Experimentamos el lado sombrío del vidente cuando negamos nuestra verdad, nuestra autenticidad. Los tres mecanismos fundamentales de autonegación son: el *sistema del falso yo,* el *autoabandono* y la *proyección.*

El sistema del falso yo

> No hacen falta muchas palabras para decir la verdad.
>
> JEFE JOSEPH NEZ PERCE
> (En NERBURN, *Native American Wisdom*)

Expresamos el lado sombrío del vidente cuando alimentamos el *sistema del falso yo* en lugar de ser auténticos. Los hispanoamericanos tienen una canción popular (de Feldman, *A World Treasury*) que describe el peligro de aferrarse al falso yo: «Quien tiene una cola de paja no debería acercarse al fuego». Nutrimos el falso yo y tenemos una «cola de paja» cuando retocamos nuestros pensamientos, ensayamos nuestras emociones, ponemos en escena lo que creemos que los demás desean ver, o cuando ocultamos nuestro yo verdadero. Alimentamos el sistema del falso yo cuando no estamos dispuestos a expresar nuestra verdad, a decir las cosas como son, o a poner palabras a lo que vemos. Cuando pretendemos, retocamos, ensayamos, actuamos o retenemos, estamos favoreciendo el desarrollo del sistema del falso yo. Y a través de este falso yo desarrollamos el arte del autoabandono.

Autoabandono

El aspecto sombrío más importante del arquetipo del vidente es el *autoabandono*. Los seres humanos se abandonan fundamentalmente por cinco razones que son universales: por el amor de otra persona, por la aceptación y la aprobación de alguien, para mantener la paz, para mantener el equilibrio, o para mantenerse en un estado de armonía. Cuando pretendemos ser quienes no somos para conseguir el amor, la aceptación o la aprobación de alguien, entramos en una forma de autoabandono. Otra manera de abandonarnos —para mantener la paz, el equilibrio y la armonía— es evitar las cuestiones difíciles y no decir lo que pensamos.

En algunas tradiciones chamánicas, se dice que los que se abandonan tienen dificultades para «hablar con la lengua del espíritu» y son considerados «débiles de corazón». El niño herido del Este es disimulado, manipulador y engañoso; es débil de corazón y acaba siendo un estratega con intenciones ocultas. Somos débiles de corazón cuando nos falta coraje para ser quienes somos. Y cuando nos ocurre esto, nos abandonamos.

Si descubrimos que las actitudes y comportamientos de abandono son frecuentes en nuestra vida, eso quiere decir que nuestro auténtico yo está esperando que lo recuperemos. Decir la verdad nos permite colapsar nuestras actitudes de abandono, comenzar a liberarnos del falso yo y del lado sombrío del arquetipo del vidente. Las relaciones con los demás nos permiten ver cuándo somos capaces de permanecer dentro del Círculo Sagrado y cuándo alimentamos el sistema del falso yo en lugar de conservar nuestra integridad.

Espejos que reflejan: proyecciones

Muchas culturas indígenas cosen pequeñas trozos de cristal o espejo a sus vestimentas ceremoniales o los pegan en sus máscaras para recordarnos que somos espejos los unos para los otros. El motivo del *espejo*, como metáfora del reflejo, está presente en numerosas culturas. Para algunos pueblos indígenas, las personas que consideramos nuestros espejos se convierten en nuestros maestros, y nos muestran la forma

> Mirar dentro de un espejo; /
> y ser un espejo, /
> vuelvo a encontrarme a mí mismo.
>
> ANÓNIMO

de recuperar nuestra autenticidad y de hablar con la lengua del espíritu.

Estas sociedades creen que cada persona puede ser un espejo claro, un espejo ahumado o un espejo partido. Los *espejos claros* son aquellos individuos que hemos idealizado creyendo que no podemos ser como ellos; los *espejos ahumados* son individuos con los que tenemos dificultades, esperamos no parecernos a ellos en absoluto; y los *espejos partidos* son las personas que nos gustan y admiramos, aunque sentimos miedo y estamos inhibidos en su presencia.

El término psicológico que describe la relación con los dintintos tipos de espejo es *proyección*. Sabemos que una proyección está en marcha cuando sentimos un cambio energético. Las proyecciones son percepciones que no reivindicamos, son partes de nosotros mismos que están en el camino de vuelta a casa, pero aún no tienen dueño. Nos resulta más cómodo excluir de nosotros estos aspectos que asumirlos. Cuando expresamos el arquetipo de vidente, ponemos al día nuestras percepciones de nosotros mismos para que reflejen con precisión la persona en la que nos hemos convertido. Algunas culturas indígenas reconocen que la vía del vidente es un método para permanecer conectados con nuestro auténtico yo y revelar las partes de nuestra naturaleza que están atrapadas en el aspecto sombrío de este arquetipo. El concepto de sombra en realidad incluye a cualquier parte de nosotros, positiva o negativa, que no hayamos integrado o aceptado. Estas partes sombrías de nosotros seguirán activas y nos dominarán hasta que sean integradas.

Los cinco estadios de la proyección

En 1984, en una conferencia celebrada en San Francisco bajo el título «El lado oscuro», el poeta Robert Bly sintetizó el trabajo de la psicoanalista Maria von Franz, y el trabajo de Alice Miller sobre la infancia, y presentó los *cinco estadios de la proyección*. Las proyecciones pueden ser positivas o desafiantes. El aspecto positivo de cada proyección es que es una parte de nosotros, de la que aún no nos hemos adueñado, pero que está volviendo a casa. Antes de poder integrar plenamente estas partes de nosotros, es necesario atravesar los cinco estadios de la proyección.

1. *Miramos a nuestro alrededor y buscamos a la persona perfecta para recibir nuestra proyección.* Por ejemplo, si no hemos integrado nuestras dotes de liderazgo o nuestra belleza, idealizaremos a personas que tengan muchas dotes de líder o a personas que consideremos hermosas. Si tenemos dificultades para expresar nuestro enfado, frecuentemente tendremos dificultades con las personas que pueden expresar el suyo. Esto es una proyección desafiante. En este estadio nunca vemos a las personas como son; solo vemos lo que nosotros deseamos que sean.

2. *La proyección comienza a deslizarse.* Comenzamos a ver que el individuo puede ser distinto a como nosotros lo hemos proyectado; sin embargo, reajustamos la proyección sirviéndonos de racionalizaciones y excusas, porque no queremos creer que la proyección es parte de nuestra propia naturaleza. Por ejemplo, el líder eficaz puede haber gestionado una situación de una manera muy poco hábil, pero lo racionalizamos diciendo que todo el mundo tiene un mal día o que las personas implicadas en la situación en realidad se merecían ese tratamiento. Así, la proyección que había comenzado a deslizarse recupera rápidamente su lugar.

3. *La proyección se cae totalmente.* Ya no caben racionalizaciones. Nos vemos forzados a ver quién es esa persona más allá de lo que hemos proyectado. En este estadio nos sentimos decepcionados y enfadados, echamos la culpa y criticamos. Ahora tenemos la elección de o bien pasar al cuarto estadio, o bien tomar la proyección y buscar a otra persona que siga llevándola por nosotros. A veces pasamos años en los tres primeros estadios. Quizá encontremos a varias personas que lleven la proyección que no es-

> La verdad puede caminar sobre el mundo desarmada.
>
> Proverbio beduino (FELDMAN, *A World Treasury*)

tamos dispuestos a traer a casa y recuperar. Por ejemplo, si nos cuesta aceptar nuestro propio enfado, lo pondremos fuera de nosotros, y lo criticaremos o evitaremos cuando veamos que lo expresa otra persona. Algunas sociedades indígenas considerarían este estadio como el del espejo ahumado.

4. *Reconocimiento*. Nos damos cuenta de que era una proyección, y vemos que el material es nuestro. Este es el *estadio de la aflicción:* aflicción por esa parte perdida de nosotros que ha estado alejada durante tanto tiempo, y pesar al reconocer que no hemos visto a la otra persona tal como era. En este punto somos capaces de reconocer el daño no intencionado que podemos haber causado en el tercer estadio.

5. *Compasión e integración de la proyección*. En este estadio sentimos compasión por nosotros mismos y por las demás personas que tienen problemas parecidos. Integramos la cualidad que habíamos proyectado en lugar de continuar colocándola fuera de nosotros. Entramos en un estado de objetividad y dejamos de llevar cargas, en un sentido u otro, en relación a lo proyectado anteriormente.

Cuando las personas son espejos partidos para nosotros, nos sentimos atraídos hacia ellas pero al mismo tiempo nos mantenemos alerta. El espejo partido es una combinación de un espejo claro y un espejo humeante, y los cinco estadios de la proyección se le aplican de la misma forma.

Puntos de vista fijos/puntos ciegos

Cuando perdemos nuestra capacidad de jugar y nuestro sentido del humor, o bien solo vemos lo que no funciona, o nos aferramos a nuestra propia percepción como si fuera la única posible. En cualquier caso, ya se trate de *puntos ciegos* o de *puntos de vista fijos*, carecemos de espontaneidad y nos sentimos excesivamente identificados con nuestra forma de ver las cosas.

Confucio dijo: «Ten cuidado con el hombre que cuando ríe no mueve su vientre; es una persona peligrosa». Cuando no somos íntegros, nos volvemos peligrosos. Pero la risa real puede liberarnos del sistema del falso yo. Las perspectivas fijas, los puntos ciegos y el alineamiento al protocolo social, en lugar de a la propia integridad, indican que los aspectos sombríos del arquetipo del vidente están activos.

El humor, la risa y ciertas formas de juego son vías que nos permiten abrirnos a puntos de vista alternativos. La siguiente afirmación de Ethel Barrymore (de Van Ekeren, *The Speaker's Sourcebook*) nos recuerda la magia que se crea cuando la risa conecta con la integridad: «Creces el primer día que te ríes verdaderamente… de ti mismo». Si conservamos nuestro sentido del humor, nuestra espontaneidad y nuestra curiosidad infantil, seremos capaces de emplear las cuatro formas de ver. Confiaremos implícitamente en nuestras percepciones, intuiciones, sueños y visiones. Las opciones creativas y las visiones propuestas por los demás comienzan a inspirarnos y a estimular nuestra creatividad cuando no estamos atrapados por los aspectos sombríos de este arquetipo. Los individuos creativos se permiten mirar desde muchos puntos de vista; tienen mucha facilidad para soltar una opción o perspectiva y tomar otra que no habían considerado previamente.

PROCESOS Y RECORDATORIOS: PRÁCTICAS IMPORTANTES PARA DESARROLLAR EL VIDENTE INTERNO

1. *Dedica al menos quince minutos diarios a la meditación caminando.* Registra las experiencias en tu diario o crea para ello un diario especial.

Meditación caminando

Acceso al creador interno.
Acceso a la cualidad de la creatividad.

Propósito

El propósito de la meditación caminando es el de honrar el tiempo sagrado. Es un tiempo que apartamos para dedicarlo a la introspección, a la contemplación, al descubrimiento, a honrar lo sagrado y lo divino.

Postura

Camina de manera relajada con un paso que te sea cómodo durante un período mínimo de quince minutos. Hay muchas otras actividades que podemos emplear conscientemente para entrar en meditación, entre ellas se cuentan: correr, nadar, bailar, conducir, cocinar, pasar la aspiradora... En esencia, cualquier actividad física que elijas con el propósito de escuchar tus estados o procesos internos puede ser considerada como un vehículo de meditación.

Proceso

Esta postura favorece las actitudes de confianza y apertura, y la aparición de lo inesperado, porque nuestra atención está puesta en una actividad en movimiento. Cuando practicamos esta actividad, las soluciones creativas y las comprensiones intuitivas suelen aparecer espontáneamente. La meditación en movimiento nos enseña las maravillas que nos pueden ocurrir a los seres humanos cuando confiamos y abandonamos el control.

2. *Dedica tiempo a diario a honrar tus sueños, anotándolos en un diario de sueños.* Los sueños más importantes con los que debemos trabajar durante el año son aquellos que recordamos constantemente.

3. *Asume el compromiso de decir la verdad diariamente.* Toma conciencia de con quién y en qué situaciones te resulta fácil hacerlo y cuándo supone un desafío.

4. *Dedica al menos quince minutos diarios a cantar y tararear.* Comienza a crear tus canciones de poder personales.

5. *En cada estación del año dedica algún tiempo a revisar tus objetivos y a comprobar que apoyan y hacen avanzar tu visión, el sueño para realizar en tu vida.*

6. *Dos veces al año, como mínimo, dedica unos días a estar solo en la naturaleza para recuperar tu visión, reflexionar y volver a soñar.*

7. *Incluye conscientemente a los demás en tu plegaria y ofréceles apoyo no verbal.* Usa visualizaciones creativas, afirmaciones y recordatorios visuales que favorezcan tu propio crecimiento y desarrollo.

8. *Pasa algún rato tranquilo cada día escuchando tu intui-*

ción. Nuestra profunda guía interna siempre está disponible y esperando ser reconocida y utilizada.

9. *Percibe y observa qué cosas te hacen sentirte inspirado.* Ellas revelan lo que es importante para tu auténtico yo.

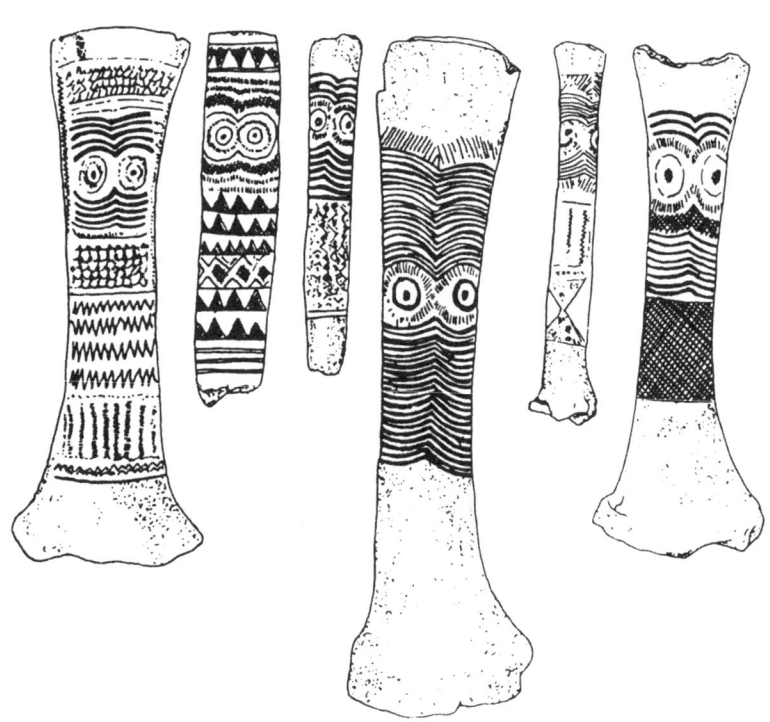

Alguien que te ve y no se echa a reír,
o se queda en silencio, o estalla en mil pedazos,
no es más que cemento
y piedra de su propia prisión.

JALAL AL-DIN RUMI

Resumen del arquetipo del vidente

El arquetipo del vidente nos pide decir la verdad sin culpabilidad ni juicio. Expresamos el vidente cuando honramos las cuatro formas de ver y el poder de la oración, cuando expresamos con palabras lo que vemos interna y externamente, y cuando expresamos en la realidad nuestro espíritu creativo y el sueño de nuestra vida.

Cuatro formas de ver

- Intuición
- Percepción
- Visión interna
- Visión holística

Cuatro tipos universales de meditación (vías de acceso a la visión y al espíritu)

- Meditación caminando/en movimiento
- Meditación de pie
- Meditación tumbada
- Meditación sentada

Cuatro formas de mantener la integridad

- Decir la verdad sin culpabilidad ni juicio
- Estar libre de actitudes de negación e indulgencia
- Alineamiento entre la palabra y la acción
- Honrarse a sí mismo en la misma medida que a los demás

Las cinco razones universales del autoabandono

- Necesidad de amor
- Necesidad de aprobación y aceptación
- Necesidad de mantener la paz
- Necesidad de mantener el equilibrio
- Necesidad de armonía a toda costa

Preguntas

> Nadie puede hacer que te sientas inferior sin tu consentimiento.
>
> ELEANOR ROOSEVELT
> (En VAN EKEREN, *The Speaker's Sourcebook*)

Piensa tus respuestas a las siguientes preguntas. Para desarrollar el vidente interno, pregunta y responde a las preguntas 1 y 2 cada día.

1. ¿Qué capacidad tengo actualmente de decir la verdad sin culpabilidad ni juicio? Practica diciendo la verdad cada día y percibe en qué ocasiones eres capaz de expresarla sin culpabilidad.

2. ¿En qué situaciones y con qué personas me descubro alimentando mi falso yo?

3. ¿Cuáles son mis cinco canciones favoritas? ¿Qué canciones infantiles siguen conmigo? ¿Qué canciones enseño a los demás? ¿Qué canciones originales he creado? Practica el canto cada día para traer tu voz al mundo.

4. Entre las edades de cuatro y doce años, ¿qué actividades me cautivaban durante horas sin que necesitara tener a nadie a mi alrededor?

5. ¿En qué aspecto de mi vida he plasmado mi creatividad? ¿Cuál es mi medicina original (mis dones y talentos) que no tienen duplicado en ninguna parte?

6. ¿Qué me hacer reír? ¿Cuánto sentido del humor tengo? ¿Qué cosas me resultan divertidas? ¿Qué tipos de juego están presentes en mi vida?

7. ¿En qué vías espirituales, con qué ideas, con qué prácticas me he implicado? Si fuera a escribir una autobiografía espiritual, ¿qué contendría? ¿Cuál fue mi primera experiencia creativa o espiritual?

8. ¿Qué formas de oración, meditación o contemplación utilizo como guía? ¿Dónde busco orientación? ¿Qué prácticas me conectan con mi vida interna?

9. ¿En qué situaciones o con qué personas me abandono? ¿Cuándo soy capaz de mantener mi integridad y cuándo no soy capaz de hacerlo?

10. ¿De qué proyecciones soy consciente? ¿Quiénes son los espejos claros, los espejos ahumados y los espejos partidos en mi vida?

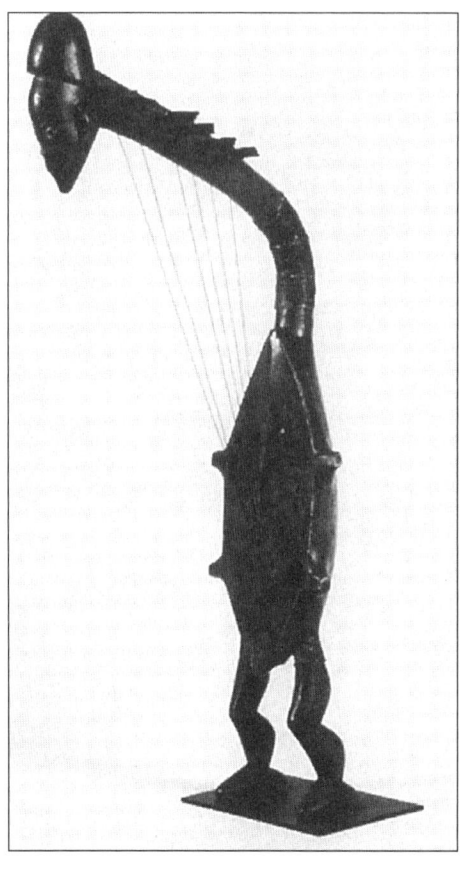

Cada uno de nosotros lleva
en su pecho
una canción

tan vieja
que no sabemos
si la aprendimos

una noche
entre murmullos
de besos caídos

nuestros labios
nos sorprenden
cuando entonamos

esa canción
que es canto
y lloro al mismo
  tiempo

Francisco X. Alarcón,
Body in Flames.

LA SENDA DEL MAESTRO

> La verdadera maestría puede conseguirse dejando que las cosas sigan su curso. No se puede conseguir interfiriendo.
>
> Lao Tse, *Tao Te Ching* (Mitchell)

Dirección: Oeste
Elemento: Agua
Criatura: Las criaturas del agua
Recurso humano: La sabiduría
Tipo de meditación: Sentada
Tipo de vida: El momento justo
Forma sendero: Apertura al resultado
Cuádruple sanador: El silencio
Bálsamo: Palos, huesos
Instrumento: El otoño

A nivel intercultural, los distintos pueblos indígenas tienen diversos puntos de vista respecto a las direcciones y a las estaciones, pero la mayoría de ellos las ven tal como las presentamos aquí.

Permanece abierto al resultado, no atado a él

La vía del maestro nos permite acceder al recurso humano de la sabiduría, y cada cultura tiene sus sistemas educativos tradicionales y no tradicionales. Ya se trate de un sistema escolar establecido o de cualquier otro sistema de aprendizaje, el proceso de enseñar y de aprender es universal.

El principio que guía al maestro es el de estar *abierto al resultado, pero sin aferrarse a él*. El maestro posee *sabiduría*, enseña a *confiar* y comprende la necesidad del *desapego*.

Sabiduría: claridad, objetividad, discernimiento, desapego

La vía del maestro consiste en practicar la confianza. La *confianza* es el contenedor en el que crecen las *cualidades de la sabiduría*: claridad, objetividad, discernimiento y desapego. La sabiduría está en acción cuando nos abrimos a todas las opciones.

La vía del maestro consiste en utilizar la confianza como un instrumento. La Madre Teresa demostró confianza cuando dijo: «Me siento como un lápiz en manos de Dios… Dios escribe a través de nosotros, y por muy imperfectos que seamos los instrumentos, Él escribe maravillosamente… Se digna a trabajar a través de nosotros. ¿No es maravilloso?» (Warne, *Women of Faith*).

Confianza: sentirse cómodo en la incertidumbre

Las tradiciones chamánicas acceden al recurso humano de la sabiduría aprendiendo a confiar y a sentirse cómodas en estados de ignorancia. En algunas partes de África, se dice que el individuo que está en este estado de no saber «camina por la tierra de las nubes grises». Cuando no se sabe, se considera alocado emprender acción alguna; mientras que esperar y confiar son actos de sabiduría. Pero la confianza puede ser un don muy difícil de aprender.

El arquetipo del *tramposo*, presente en muchas tradiciones chamánicas, representa al maestro que sorprende a la gente para permitirles ver sus apegos y actitudes habituales. El papel típico de los tramposos es provocar asombro y situaciones inesperadas para despertar a la gente de sus rutinas. En su libro *Synchronicity: Science, Myth and the Trickster*, Allan Combs y Mark Holland describen esta figura con claridad:

> En las mitologías de muchos pueblos, el tramposo es la figura mítica que encarna lo inesperado; hace su aparición como un dios a través de las grietas y aperturas del mundo ordenado de la realidad ordinaria, trayendo buena y mala suerte, beneficios y pérdidas. El dios tramposo es un arquetipo universal. Entre los nativos americanos se le conoce como Ictinike, Coyote, Conejo, etc... Para los polinesios es Maui; Loki, para las antiguas tribus germánicas de Europa; y Krishna, en la mitología sagrada de la India. El más conocido aquí, en Occidente, es el dios griego Hermes, que representa la manifestación más completa y sofisticada del tramposo. Homero le llama «el portador de la suerte». También se le conoce, en una de las numerosas paradojas que caracterizan a Hermes y a los demás dioses tramposos, como el patrón de los viajeros y de los ladrones. Él guía las almas al submundo y es el mensajero de los dioses. Como todos estos roles sugieren, él es la quinta esencia del maestro de las fronteras y de las transiciones. Gracias a

---

Cada cabeza es un mundo.

Proverbio cubano
(FELDMAN,
A World Treasury)

esta maestría sorprende al mundo con lo inesperado y lo milagroso.

La actitud opuesta a confiar en lo inesperado es tratar de *controlar* lo incontrolable, lo que es evidentemente una tarea imposible. Las sociedades chamánicas reconocen que el individuo al que no le gustan las sorpresas ni lo inesperado tiene apegos, puntos de vista fijos y una fuerte necesidad de controlar. Los apegos son expectativas fijas e inamovibles, deseos proyectados sobre personas, lugares y situaciones. Cuando tenemos apegos solemos volvernos controladores y rígidos. La figura del tramposo nos recuerda que debemos ser más flexibles y objetivos.

> De lo irreal, llévame a lo real.
>
> De la oscuridad, llévame a la luz.
>
> De la muerte, llévame a la inmortalidad.
>
> *Upanishads*

El tema del desapego

El principal propósito del arquetipo del tramposo es enseñar a los seres humanos la lección del desapego. La mayoría de los occidentales equiparamos la palabra «desapego» con que algo «no nos importa». Sin embargo, la palabra *desapego* podría definirse como «la capacidad de que algo no nos importe mucho desde un lugar de objetividad». Por tanto, cuando utilizamos aquí el término «desapego» nos estamos refiriendo a lo que podríamos considerar como no aferrarnos a las cosas, poder soltar y mantener el sentido del humor. Si nos damos cuenta de cuáles son las cosas que nos hacen perder el sentido del humor, podemos identificar nuestros apegos. Allí donde conservamos el sentido del humor es donde estamos desapegados y podemos ser flexibles.

Cuando estamos desapegados, somos capaces de observar nuestras reacciones con calma y no nos vemos arrastrados a adoptar una postura emocional. No debemos confundir esto con la frialdad o con la falta de preocupación por las cosas; es justamente al contrario. Cuando no nos vemos arrastrados y podemos mantener nuestro sentido del humor, demostramos nuestra capacidad de que las cosas nos importen mucho desde un lugar de objetividad.

> El sueño comienza con un maestro que cree en ti, que tira de ti, que te empuja y guía hasta el siguiente nivel, golpeándote a veces con el afilado bastón que llamamos «verdad».
>
> DAN RATHER
> (En VAN EKEREN, *The Speaker's Sourcebook*)

La mayoría de las tradiciones espirituales tratan este tema del desapego. En su libro *Leadership Is,* Harrison Owen ha estudiado esta cuestión y ha llegado a la conclusión de que existen cuatro principios a los que llama leyes espirituales inalterables, que son: «Quienquiera que esté presente en un lugar es la persona adecuada para estar allí; cualquiera que sea el momento en que empecemos algo es el momento justo de empezar; lo que ocurre es lo único que podría haber ocurrido; y cuando algo se acaba, se acaba». Estemos o no estemos de acuerdo con estas premisas, el fundamento que las inspira es la aceptación, no la resignación. ¿Podemos aceptar la experiencia tal como se presenta y ser creativos con ella en lugar de resignarnos o mostrarnos fatalistas? La aceptación es una parte importante del desapego. El sentimiento de resignación siempre señala la presencia de un apego.

Pérdida y ritual

Otra de las formas que tenemos de aprender a desapegarnos es la *pérdida*. En su libro *Surviving Corporate Transition,* William Bridges dice que las pérdidas habitualmente entran dentro de una de las seis categorías siguientes:

1. Perder apegos

2. Perder terreno

3. Perder la estructura

4. Perder un futuro

5. Perder el significado

6. Perder el control

Todos hemos experimentado una o más de las pérdidas

que menciona Bridges, además de la pérdida de seres queridos. Cualquier tipo de pérdida es una experiencia que nos hace más humildes y nos enseña algo más sobre la aceptación y el desapego.

Muchas tradiciones chamánicas reconocen que *los rituales* nos ayudan a superar las pérdidas. Combs y Holland nos recuerdan lo siguiente: «De hecho, la palabra ritual procede de una raíz indoeuropea que significa 'hacer encajar'. Está relacionada con palabras como arte, habilidad, orden, tejer y aritmética; todas ellas están vinculadas con hacer que las cosas encajen entre sí para crear orden». Todas las sociedades disponen de rituales para reconocer los principales momentos de transición de la vida: nacimiento, iniciación, matrimonio y muerte. El ritual es un acto consciente por el que se reconoce que está ocurriendo un cambio en la vida, y se hace algo para honrar y apoyar este cambio, contando para ello con la presencia de elementos tales como testigos, regalos, ceremonias y una intención sagrada. De esta forma, los seres humanos apoyan los cambios que les acontecen y crean la forma para «que las cosas vuelvan a encajar».

> La muerte no se lleva a los viejos, sino a los maduros.
>
> Proverbio ruso
> (FELDMAN,
> *A World Treasury*)

Los espíritus de los antepasados

Algunas tradiciones aborígenes consideran que los *espíritus de los antepasados* (miembros de la familia y amigos fallecidos) son importantes maestros dentro del tema del desapego porque ya han afrontado el proceso de transición y han experimentado la quintaesencia de lo desconocido, la muerte. Los pueblos indígenas creen que estos espíritus, literalmente, están detrás de nosotros para ayudarnos a cumplir nuestro propósito, el sueño de nuestra vida. La mayoría de las tradiciones chamánicas creen que los espíritus de los antepasados masculinos están detrás de nosotros en el lado derecho del cuerpo y los espíritus de los antepasados femeninos están detrás de nosotros en el lado izquierdo del cuerpo. Creen que los espíritus de los antepasados se dedican a supervisar que las generaciones actuales y futuras realicen sus sueños o propósitos vitales. Esta vieja canción europea, transmitida por tradición oral, expone claramente el tipo de apoyo que nos prestan los antepasados:

> Oh, que este sea
> el que traiga
> lo bueno, lo verdadero y lo bello a
> nuestro linaje familiar;
> oh, que este sea
> el que rompa las pautas
> negativas familiares o las pautas
> negativas nacionales.

En *Del sentimiento trágico de la vida*, Miguel de Unamuno nos recuerda la importancia de estas conexiones ancestrales y la ayuda que suponen, que está profundamente enraizada en nosotros: «Todos mis antepasados, en su plenitud, viven en mí y seguirán viviendo, junto conmigo, en mis descendientes». Las sociedades aborígenes de América del Norte, en muchas de sus plegarias, nos recuerdan estas conexiones pasadas y presentes cuando dicen: «Por la pasada generación y las siete generaciones futuras, rezo por...» Muchas culturas indígenas reconocen que cada individuo es un portador de la tradición para las generaciones pasadas y para las venideras. Es importante que pensemos cómo podemos manifestar en el mundo «lo bueno, lo verdadero y lo bello» que aporta nuestro linaje; y que sepamos que la cualidad de nuestra vida contribuye a las oportunidades y desafíos que afrontarán las generaciones futuras. Cuando pensamos en nuestros tíos o abuelos favoritos que han fallecido, es fácil recordar lo bueno, lo verdadero y lo bello que contiene nuestra naturaleza.

Muchas sociedades indígenas creen que los espíritus de los antepasados están presentes para ayudarnos a atravesar la última puerta, el proceso de la muerte. Como los espíritus de los antepasados nos enseñan a soltar y desapegarnos, son los maestros que nos ayudan a prepararnos para las experiencias desconocidas y poco usuales, cuyo principal exponente es la muerte.

Nuestras reacciones a las nuevas experiencias con que nos encontramos cada día pueden muy bien ser la preparación que nos ayude a plantearnos el tema de la muerte. ¿Nos planteamos las nuevas experiencias con curiosidad, con ganas, quedándonos maravillados? ¿O reaccionamos a lo inesperado y poco familiar volviéndonos controladores y temerosos? Cuando estudiamos las últimas palabras de algunas personas importantes al acercarse a esta última puerta, podemos entrever cómo actuaron en el momento de partir. Junípero Serra, el misionero español, encaró este último pasadizo diciendo: «Ahora descansaré». Las últimas palabras de Gertrude Stein fueron: «¿Cuál es la pregunta? Si no hay pregunta, no hay respuesta». Goethe murió diciendo: «Más luz» (Conrad, *Famous Last Words*).

Si solicitamos la ayuda de los espíritus de nuestros antepasados para que nos ayuden a afrontar situaciones desconocidas, también podemos pedirles ayuda para realizar el sueño de nuestra vida. En el *Paraíso perdido,* el poeta John Milton nos recuerda los ilimitados recursos de nuestra herencia y de nuestro linaje, que honramos a través de los espíritus de los antepasados: «Millones de criaturas espirituales caminan por la Tierra; no las vemos ni cuando estamos dormidos ni cuando estamos despiertos…». Muchas tradiciones chamánicas clasifican a las «criaturas espirituales» de Milton, o espíritus de nuestros antepasados, en tres categorías: antepasados que pertenecen a nuestra familia biológica; familia extensa y amigos con los que no tenemos relación de sangre; y figuras históricas que son para nosotros una fuente de inspiración. Estas sociedades consideran que son nuestros antepasados familiares los que más nos pueden ayudar a romper las pautas familiares dañinas y a retener lo bueno, lo verdadero y lo bello.

> Solo tengo tres cosas que enseñar: simplicidad, paciencia y compasión. Estos son los tres tesoros más grandes. Siendo simple en tus acciones y en tus palabras, vuelves a la fuente del ser.
>
> Lao Tse, *Tao Te Ching* (Mitchell)

Herramientas de poder del maestro

Entre las herramientas de poder del arquetipo del maestro se incluyen el *silencio* atento, la *llamada a los espíritus de los antepasados para pedirles guía* y la *meditación sentada*.

Silencio

> Corazón inteligente adquiere ciencia, el oído de los sabios busca la ciencia.
>
> Proverbios 18:15

Podemos abrirnos al arquetipo del maestro y a los espíritus de los antepasados a través del bálsamo curativo del *silencio*. Muchas tradiciones espirituales reconocen que las experiencias transpersonales y la guía interna se presentan en momentos de silencio o en extensos períodos de soledad. Para poder conectar con el recurso humano de la sabiduría es necesario practicar el arte de escuchar. Como dice Mark Twain: «Escuchando puedo oír una idea mejor que la mía» (Hansberger, *Everyone's Mark Twain*).

Escuchar nuestra propia guía interna es una forma de honrar nuestra sabiduría innata. Los períodos de silencio y soledad nos permiten adquirir más claridad, objetividad y discernimiento, que son las cualidades inherentes a la sabiduría. Cuando buscamos guía, interna o externa, es cuando estamos más dispuestos a aprender y a escuchar.

Un antiguo método chino de recibir guía es el *Libro de los Cambios*, también conocido como *I Ching*. Con su alusión a las metáforas naturales, este método nos recuerda que, para que el cambio tenga éxito, debemos ser como un gran árbol enraizado junto al río que fluye. Es decir, tenemos que equilibrar la quietud (el árbol enraizado) con la actividad (el río que fluye), o la tranquilidad con el movimiento. En Occidente conocemos casi demasiado bien la importancia de la actividad y el movimiento; ahora también tenemos que entender que el silencio y los períodos de soledad son elementos esenciales para abrirnos a la guía interna y nutrir nuestra alma.

Llamar a los espíritus de los antepasados

Durante los períodos de silencio, también podemos obtener la guía de los espíritus de nuestros antepasados para que nos ayuden a superar las crisis familiares. Algunas tradiciones chamánicas creen que el hecho de llamar por sus nombres a los antepasados los hace manifestarse. A veces se utilizan instrumentos musicales para conectar con los espíritus de los antepasados. El *chasquear de palos* o *huesos* es otra forma de pedirles ayuda; cada chasquido representa nuestro compromiso de romper con las pautas y actitudes dañinas, sean familiares o culturales. En *Jambalaya*, Luisah Teish, de la tradición yoruba lucumí, nos recuerda lo siguiente: «Los africanos creen que aquellos que nos han precedido han hecho de nosotros lo que somos. Consecuentemente, el respeto a los antepasados es una parte importante del sistema de creencias africano... Los yoruba utilizan la palabra *egungun* o *egun* para describir a esas almas o inteligencias que se mueven más allá del cuerpo físico».

También podemos recordar a los espíritus de nuestros antepasados en el dulce territorio del silencio o en las prácticas contemplativas. Los antepasados pueden estar presentes en nuestras vidas de una manera muy real. Por ejemplo, si el alcoholismo ha sido un problema para nuestra familia, tenemos la oportunidad de aprender de nuestros antepasados y de honrarlos eligiendo no continuar con esa pauta de actuación.

Meditación sentada

En muchas tradiciones espirituales, la *meditación sentada* es la postura más universalmente utilizada para acceder al re-

curso humano de la sabiduría. En el silencio, la persona sentada se convierte en un testigo imparcial que observa sin juicio el proceso que se revela ante él.

A nivel intercultural, la meditación sentada es la postura receptiva o de aprendizaje que adopta el ser humano para recibir enseñanzas de cualquier tipo. Además de usar esta postura para recibir instrucción, muchas culturas indígenas la utilizan para rezar en silencio u observar cuidadosamente las revelaciones internas.

El arquetipo del maestro exige que seamos objetivos con nuestros propios procesos. La meditación sentada nos enseña a esperar, escuchar y observar lo que se nos revela. El *Tao Te Ching*, según la traducción de Stephen Mitchell, dice: «Se puede obtener la verdadera maestría dejando que las cosas sigan su curso. No se puede obtener interfiriendo». La meditación sentada nos enseña el arte de la observación, que nos permite desprendernos de las ideas e imágenes en el momento mismo en que se revelan. Esta es una de las prácticas del desapego. También existen otras entre las que podemos incluir las excursiones a entornos naturales agrestes, el descenso de ríos o *rafting*, el alpinismo, el submarinismo de profundidad y la pesca.

LA CONEXIÓN DEL MAESTRO CON LA NATURALEZA

Dentro del marco de la naturaleza, nuestro principal maestro en el tema del desapego es la *Abuela Océano*, el ejemplo natural más importante de flexibilidad y adaptación. Para algunas culturas aborígenes, la dirección *Oeste* es el hogar del la Abuela Océano y de todas las *criaturas del agua*. En la rueda medicinal, la dirección Oeste es el lugar en el que muchos de estos pueblos invocan el poder del silencio, de la sabiduría y la guía de los antepasados. En Occidente esta dirección está asociada con el *otoño*, el momento de la recolección y el desprendimiento.

La Abuela Océano y las criaturas de agua revelan nuestra capacidad para tener cosechas abundantes y una fluidez ilimitada. Somos un planeta de agua. Las culturas indígenas consideran que el agua es sagrada por su capacidad de limpiar, nutrir, sanar y purificar. Esta dirección nos recuerda que la sabiduría, como la Abuela Océano, casi siempre es flexible y casi nunca es rígida.

CÓMO SE REVELA EL MAESTRO NO MANIFESTADO: ASPECTOS SOMBRÍOS DEL ARQUETIPO DEL MAESTRO, EL NIÑO HERIDO DEL OESTE

Pautas de posicionamiento, censura y control

La sabiduría es la capacidad de integrar las partes más y menos desarrolladas de nosotros mismos desde el punto de vista del testigo imparcial. Cuando somos capaces de valorar nuestra autoestima en la misma medida en que valoramos nuestra autocrítica, comenzamos a entrar en el camino de la sabiduría. Experimentamos el lado sombrío del arquetipo del maestro cuando mostramos comportamientos rígidos de *posicionamiento, crítica* y *control*. El maestro puede asumir estos comportamientos, pero no se abandona a ellos.

El polo opuesto del posicionamiento es la flexibilidad; el polo opuesto de la crítica es la objetividad y el discernimiento; y el polo opuesto del control es la confianza. Los patrones de posicionamiento, crítica y control generalmente están basados en el miedo y siempre revelan una falta de confianza. Si a través de la autoobservación llegamos a la

> De todas las plantas que cubren la tierra como una mancha de pelo sobre el cuerpo de nuestra abuela, intenta obtener un conocimiento que te fortalezca en la vida.
>
> Proverbio winnebago (Aborígenes americanos) (Feldman, *A World Treasury*)

conclusión de que estos comportamientos son demasiado frecuentes en nosotros, debemos recordar que también llevamos dentro un gran don de sabiduría que está esperando poder expresarse plenamente. Las personas que tienen naturalezas muy críticas pueden utilizarlas de manera constructiva. Por ejemplo, la gente que sabe escribir puede escribir artículos críticos evaluando lo viable y lo inviable en un proyecto dado.

Universalmente, el mal tiene un doble origen: el *miedo* y la *ignorancia*. La función del miedo es advertirnos de la existencia de algún peligro para que podamos tomar precauciones. Desgraciadamente, la mayoría de nosotros sentimos miedo en muchas situaciones que no requieren de tales medidas protectoras. El principal efecto del miedo es que constriñe nuestra energía, lo que puede dañarnos tanto física como mentalmente, y nos motiva a luchar o a emprender la huida.

Hacemos daño cuando ignoramos conscientemente a las personas o situaciones. También podemos hacer daño involuntariamente cuando nos encontramos en un estado de «bendita ignorancia». Por ejemplo, podemos decirle a la persona que acabamos de conocer: «Realmente, no puedo entender a la gente que deja las cosas para después», sin saber que nuestro nuevo amigo tiene ese hábito y está luchando por superarlo.

Confusión

La ignorancia a veces es una fuente de *confusión*, que junto con la duda son el lado sombrío de la claridad. Cuando estamos confusos, en lugar de actuar debemos esperar. Si las circunstancias nos obligan a actuar, debemos buscar los puntos claros y actuar únicamente en esas áreas.

Discernimiento es la habilidad de respetar el contexto, el momento y el contenido oportunos. El individuo que discierne se pregunta: «¿Es oportuno expresar este contenido en este momento y lugar?» Cuando estamos atrapados en el lado sombrío del discernimiento, actuamos bruscamente, de manera inapropiada e ignorando el contexto.

Apegos

Los posicionamientos revelan la presencia de *apegos*. El arquetipo del maestro nos pide que equilibremos nuestras capacidades, de manera que podamos estar tan apegados como desapegados. Cuando estamos apegados a un resultado particular, tendemos a controlar más que a confiar. Cuando nos apegamos a algo, solemos perder objetividad, por lo que también perdemos nuestra capacidad de actuar imparcialmente. Sin embargo, en un estado de desapego, algo puede importarnos profundamente mientras nos mantenemos en una postura objetiva. Es importante recordar que la sabiduría es casi siempre flexible y casi nunca rígida. A medida que desarrollamos la flexibilidad, aumenta nuestra capacidad de expresar sabiduría y soltar los apegos.

Por ejemplo, quizá recuerdes un momento de tu vida en el que defendiste obstinadamente tu punto de vista sobre un problema y después descubriste puntos de vista y opciones que no habías considerado previamente. De repente, viste una solución mejor. Con esta toma de conciencia pasaste de una posición de apego a un lugar de flexibilidad y sabiduría.

El ciclo que incluye nuestro ir y venir

no tiene principio ni fin claramente discernibles;

nadie entiende esta cuestión completamente;

de dónde venimos, a dónde vamos.

The Rubáiyát of Omar Khayyam, traducido por Peter Avery y John Heath-Stubbs.

PROCESOS Y RECORDATORIOS: PRÁCTICAS IMPORTANTES PARA DESARROLLAR EL MAESTRO INTERNO

1. *Dedica al menos quince minutos diarios a la meditación sentada.* Registra tus experiencias en tu diario o crea para ello un diario especial.

Meditación sentada

Acceso al maestro interno.
Acceso a la cualidad de la sabiduría.

Propósito

El propósito de la meditación sentada es el de honrar el tiempo sagrado. Este es un tiempo que apartamos para dedicarlo a la introspección, a la contemplación, al descubrimiento interno y a honrar lo divino y lo sagrado.

Postura

Siéntate en una silla o en el suelo con los ojos cerrados; puedes cruzar las piernas o dejarlas sin cruzar. Tanto las prácticas orientales como las occidentales incorporan la postura de rodillas o postura de oración, que es otra postura también utilizada en la meditación sentada.

Proceso

Una vez dentro de esta postura y de este momento sagrado, puedes solicitar guía, pedir que se te muestren formas de gestionar sabiamente tus situaciones internas y externas. La meditación sentada es una forma de transformar al crítico interno en un testigo imparcial. También supone una oportunidad de recibir guía y dirección interna para manejar sabiamente los asuntos de tu vida.

La meditación sentada te da la oportunidad de ir más allá de las polaridades internas y externas, de las paradojas y de las oposiciones que experimentas.

2. *Pasa una parte del día en soledad o en el dulce territorio del silencio con el propósito de escuchar tu propio conocimiento o sabiduría. Dedica un día al mes a estar totalmente en silencio.*

3. *Crea rituales personales que te apoyen en tus transiciones y en los momentos en que te sientas perdido.*

4. *Dedícate conscientemente cada día a practicar la sabiduría. Pregúntate: ¿Cómo de objetivo puedo ser? ¿Soy capaz de esperar en lugar de actuar en momentos de confusión? ¿Puedo usar el discernimiento en lugar de la crítica? ¿Tomo decisiones donde me siento claro?*

5. *Las situaciones cotidianas que nos preparan en el arte de morir y afrontar lo desconocido son aquellas en las que tenemos que decir adiós, y también el momento de ir a dormir. Usa estas dos situaciones cotidianas para aprender a confiar y a dejar ir.*

6. *Dedica tiempo a honrar la riqueza de tus raíces y de tu linaje.* Reúne los retratos de tus antepasados importantes. Úsalos como recordatorios visuales de los aspectos «buenos, verdaderos y bellos» de tu linaje.

7. *Cada mes, en el día de tu cumpleaños, haz algo que nunca hayas hecho antes.* La incorporación de esta práctica mensual a tu vida te permite afrontar conscientemente lo desconocido y poco familiar, al menos doce veces al año.

8. *¿De qué comportamientos limitativos eliges librarte a lo largo de este año para poder expresar más plenamente quien eres?*

La Tierra es el centro del Universo.
La casa es el centro de la Tierra.
La familia es el centro de la casa.
La persona es el centro de la familia.
Canción vasca

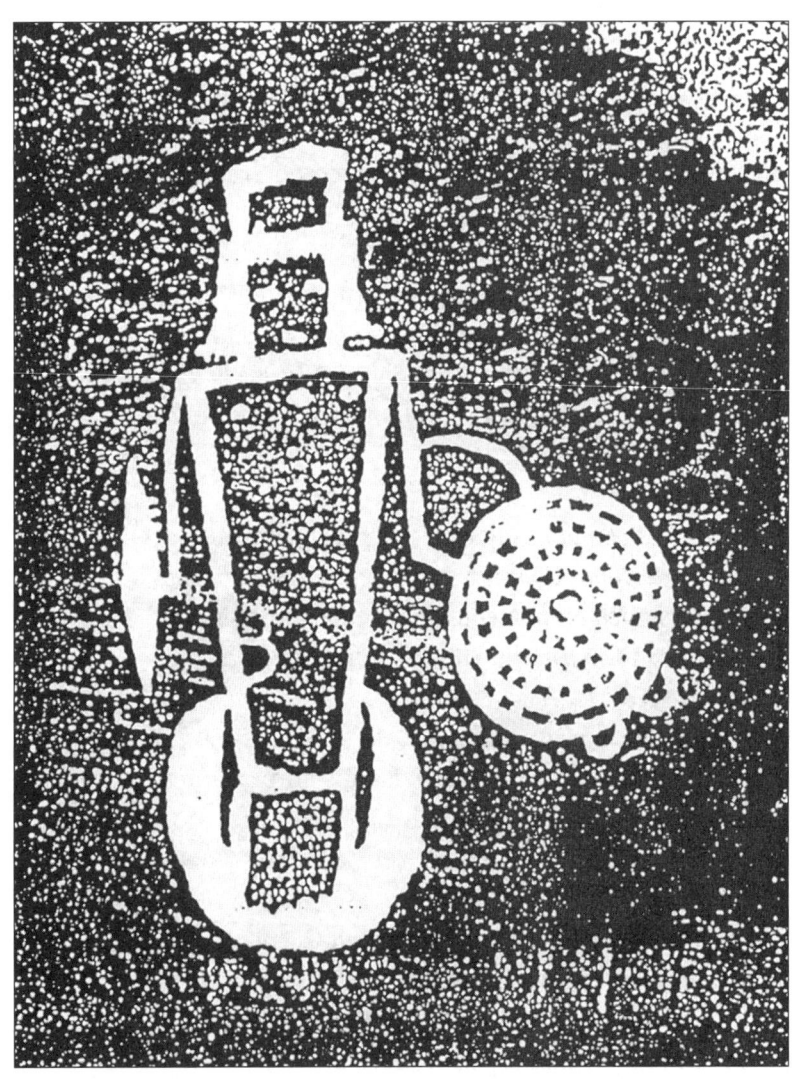

Resumen del arquetipo del maestro

El arquetipo del maestro nos pide que permanezcamos abiertos al resultado pero sin apegarnos a él. Cuando expresamos este arquetipo, desarrollamos nuestra capacidad de desapego; honramos nuestro linaje; nos hacemos flexibles y fluidos como la Abuela Océano; y demostramos nuestra sabiduría y sus componentes: claridad, objetividad y discernimiento.

Aspectos de la sabiduría

- Claridad
- Objetividad
- Discernimiento

Categorías de los espíritus de nuestros antepasados

- Familia de sangre
- Familia extendida y amigos
- Figuras históricas que nos inspiran

Las cuatro leyes inmutables del espíritu, de Harrison Owen (enseñanzas sobre el desapego)

- Quienes están presentes son las personas adecuadas
- Cuando algo comienza es el momento justo
- Lo que ocurre es lo único que podría haber ocurrido
- Cuando algo se acaba, se acaba

Las seis categorías de la pérdida, de William Bridge

- Pérdida de apegos
- Pérdida de terreno
- Pérdida de la estructura
- Pérdida del futuro
- Pérdida del significado
- Pérdida del control

> Todo tiene su momento y todo cuanto se hace bajo el sol tiene su tiempo. Hay un tiempo de nacer y un tiempo de morir; un tiempo de plantar y un tiempo de arrancar lo plantado; un tiempo de matar y un tiempo de sanar; un tiempo de destruir y un tiempo de edificar; un tiempo de llorar y un tiempo de reír; un tiempo de lamentarse y un tiempo de danzar; un tiempo de lanzar piedras y un tiempo de amontonarlas; un tiempo de abrazarse y un tiempo de separarse; un tiempo de buscar y un tiempo de perder; un tiempo de guardar y un tiempo de tirar; un tiempo de rasgar y un tiempo de coser; un tiempo de callar y un tiempo de hablar; un tiempo de amar y un tiempo de aborrecer; un tiempo de guerra y un tiempo de paz.
>
> Eclesiastés 3:1-8

Preguntas

Piensa en las respuestas que vas a dar a las siguientes preguntas. Para desarrollar el maestro interno, pregunta y responde diariamente a las preguntas 4 y 7.

1. *¿Quiénes han sido los maestros más significativos en mi vida? De estos maestros, ¿quiénes me han inspirado y quiénes me han señalado nuevos retos? ¿Cuáles son las características, si las había, que me atraían hacia estas personas? ¿Qué es lo que esto revela de mi maestro interno? ¿De quién has sido maestro y quién es actualmente tu mentor?*

2. *En mi vida, ¿quiénes han sido las figuras que han desempeñado el papel del tramposo y que me han enseñado a ser más flexible y han revelado mis patrones de posicionamiento, crítica y control? ¿Qué llamadas «a despertar» he experimentado? ¿Cómo tomé conciencia o «desperté» a los esquemas que me limitan?*

3. *¿Qué apegos encuentro en mi vida personal?, ¿en mi vida profesional?, ¿en mi vida espiritual?*

4. *¿Cuál es mi nivel de tolerancia al silencio y mi capacidad de estar solo?* Dedica tiempo cada día a estar en silencio. Dedica una parte del día a disfrutar de tu soledad.

5. *¿Quiénes son mis antepasados masculinos que me han inspirado o desafiado? ¿Quiénes son los espíritus de mis antepasados femeninos que me han inspirado y desafiado?*

6. *¿De qué capacidad de espera dispongo en momentos de confusión? ¿Qué áreas de mi vida me causan confusión en este momento?*

7. *¿Cuáles de mis miedos estoy afrontando actualmente? ¿Cuáles estoy ignorando conscientemente?*

8. De las «cuatro leyes inmutables del espíritu» de Harrison Owen, ¿cuál me resulta más difícil de aceptar o practicar?

9. ¿Qué pautas de actuación familiares negativas estoy conscientemente dispuesto a cambiar y a no transmitir?

10. En mi linaje y en mi ambiente familiar, ¿qué cualidades han sido transmitidas que yo considero «buenas, verdaderas y bellas»?

11. ¿Cómo he superado las pérdidas que he sufrido en mi vida? De las seis categorías de la pérdida, ¿cuáles estoy afrontando en la actualidad?

> Esta es la hora de plomo,
> recordada, si se sobrevive,
> como personas congeladas, rememora
> la nieve;
> Primero, escalofrío; luego, estupor;
> después el dejar ir.
>
> EMILY DICKINSON,
> en JOHNSON, *The Complete Poems
> of Emily Dickinson*

CONCLUSIÓN

Norte, Sur, Este y
Oeste
el rico círculo de mi
vida
cuando mi círculo
se une al tuyo.
                RICHARD REISER

Caminar el cuádruple sendero significa abrirse a los cuatro arquetipos universales del guerrero, el ganador, el vidente y el maestro, que residen dentro de nosotros esperando expresar su sabiduría en todas las acciones y elecciones que hacemos en el mundo. La mayoría de las tradiciones chamánicas creen que el camino del guerrero es conocer el uso justo del poder; el camino del sanador es manifestar amor; el del vidente es expresar creatividad y visión, y el del maestro es ser un modelo de sabiduría. Por medio del poder somos capaces de mostrarnos. Por medio del amor podemos prestar atención a lo que tiene corazón y sentido. Por medio de la visión podemos dar voz a lo que vemos y, gracias a la sabiduría, somos capaces de abrirnos a todas las posibilidades sin apegarnos al resultado. William Blake pudo haberse inspirado en estos cuatro arquetipos cuando escribió: «Veo con una visión cuádruple / Y una cuádruple visión me ha sido dada / Cuádruple es mi mayor deleite...». Cuando nos abrimos a ser poderosos, amorosos, creativos y sabios, experimentamos el mundo y a nosotros mismos como las numerosas cosas espléndidas que somos.

CONCLUSIÓN

Las cuatro posturas universales de meditación

Tipos de postura de meditación:
¿Qué revelan y a qué permiten acceder al individuo?

Postura de meditación	Recurso inherente al que se accede en esta postura	Cita inspirada aplicable a esta postura
Meditación de pie	«Acceso al guerrero interno» Recurso: Poder y Presencia	«Convencemos por nuestra presencia». WALT WHITMAN, *Hojas de hierba*
Meditación tumbada	«Acceso al sanador interno» Recurso: Amor	«El amor, que me creó, es lo que soy». *Un curso de milagros*
Meditación caminando	«Acceso al vidente interno» Recurso: Visión	«Las búsquedas de la visión son una antiquísima práctica humana para cuidar del propio espíritu». BROOK MEDICINE EAGLE, *Buffalo Woman*
Meditación sentada	«Acceso al maestro interno» Recurso: Sabiduría	«Lo que hay ante nosotros y lo que queda detrás de nosotros son pequeñeces si lo comparamos con lo que tenemos dentro». EMERSON (en VAN EKEREN)

EL CUÁDRUPLE SENDERO

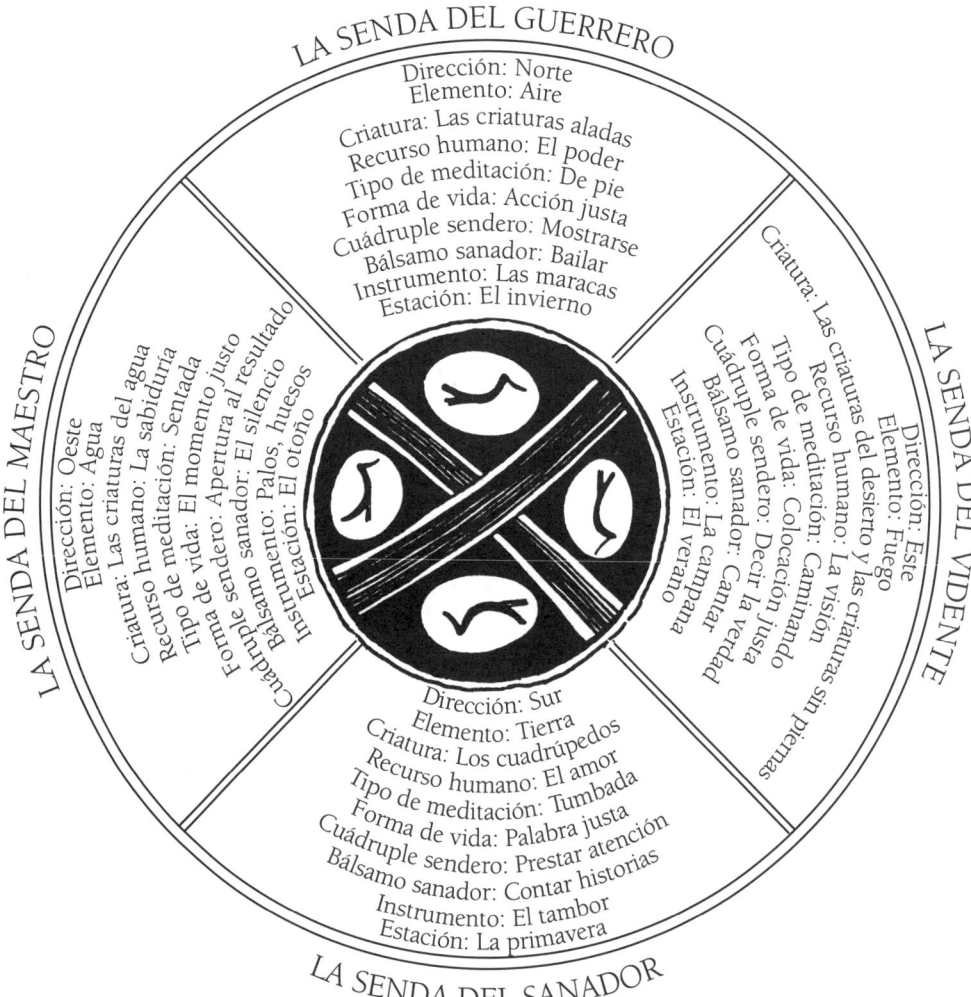

LA SENDA DEL GUERRERO
Dirección: Norte
Elemento: Aire
Criatura: Las criaturas aladas
Recurso humano: El poder
Tipo de meditación: De pie
Forma de vida: Acción justa
Cuádruple sendero: Mostrarse
Bálsamo sanador: Bailar
Instrumento: Las maracas
Estación: El invierno

LA SENDA DEL VIDENTE
Dirección: Este
Elemento: Fuego
Criatura: Las criaturas del desierto y las criaturas sin piernas
Recurso humano: La visión
Tipo de meditación: Caminando
Forma de vida: Colocación justa
Cuádruple sendero: Decir la verdad
Bálsamo sanador: Cantar
Instrumento: La campana
Estación: El verano

LA SENDA DEL SANADOR
Dirección: Sur
Elemento: Tierra
Criatura: Los cuadrúpedos
Recurso humano: El amor
Tipo de meditación: Tumbada
Forma de vida: Palabra justa
Cuádruple sendero: Prestar atención
Bálsamo sanador: Contar historias
Instrumento: El tambor
Estación: La primavera

LA SENDA DEL MAESTRO
Dirección: Oeste
Elemento: Agua
Criatura: Las criaturas del agua
Recurso humano: La sabiduría
Tipo de meditación: Sentada
Forma de vida: El momento justo
Forma sendero: Apertura al resultado
Cuádruple sendero: Apertura al resultado
Bálsamo sanador: El silencio
Instrumento: Palos, huesos
Estación: El otoño

A nivel transcultural, los distintos pueblos indígenas tienen muchos puntos de vista diferentes respecto a las direcciones y a las estaciones, pero la mayoría de ellos las ven tal como las presentamos aquí.

CONCLUSIÓN 141

Oración de los cuatro elementos de la rueda medicinal,
Isla de la Tortuga, costa oeste
Ralph Metzner.

Oh Gran Espíritu del Norte,
invisible espíritu del aire,
y de los frescos y fríos vientos,
oh vasto e ilimitado Abuelo Cielo,
tu aliento vivo anima toda vida.
Tuyo es el poder de la claridad y de la fuerza,
el poder de oír los sonidos internos,
de barrer los viejos modelos,
y de traer el cambio y el desafío,
el éxtasis del movimiento y la danza.

Oramos para alinearnos contigo,
para que tu poder fluya a través de nosotros,
y sea expresado por nosotros,
por el bien de este planeta,
y de todas los criaturas que lo habitan.

Oh Gran Espíritu del Oeste,
espíritu de las grandes aguas,
de la lluvia, de los ríos, lagos y manantiales.
Oh Abuela Océano,
profunda matriz, útero de toda vida,
el poder de disolver los límites,
de liberar las ataduras,
el poder de saborear y sentir,
de limpiar y sanar,
gran oscuridad bendita de la paz.

Oramos para alinearnos contigo,
para que tus poderes puedan fluir
a través de nosotros
y sean expresados por nosotros
por el bien de este planeta,
y de todas las criaturas que lo habitan.

Oh Gran Espíritu del Este,
radiación del sol naciente,
espíritu de los nuevos comienzos,
oh Abuelo Fuego,
gran fuego nuclear, del sol,
el poder de la energía de vida, chispa vital,
el poder de ver a lo lejos y de
imaginar con valentía,
el poder de purificar nuestros sentidos,
nuestros corazones y nuestras mentes.

Oramos para alinearnos contigo,
para que tus poderes puedan fluir a través
de nosotros
y sean expresados por nosotros
por el bien de este planeta Tierra,
y de todas las criaturas que lo habitan.

Oh Gran Espíritu del Sur,
protector de la tierra fructífera,
de todo lo verde que crece,
los nobles árboles y hierbas,
Abuela Tierra, alma de la naturaleza,
el gran poder de lo receptivo,
de la nutrición y la persistencia,
el poder de crecer y producir
flores del campo,
frutos del jardín.

Oramos para alinearnos contigo,
para que tus poderes puedan fluir a través de nosotros
y sean expresados por nosotros
por el bien de este planeta Tierra,
y de todas las criaturas que lo habitan.

APÉNDICES

Las manos que dan también reciben.

Proverbio ecuatoriano
(Feldman, *A World Treasury*)

Los documentos que componen estos apéndices exponen los derechos humanos internacionales, de los que todas las naciones y todos los seres humanos son poseedores. Demuestran el esfuerzo que se está realizando en todo el mundo para poner en práctica los derechos humanos. Los constructores de la paz y los que cuidan de la tierra en todo el mundo han proclamado continuamente lo que para el historiador Mircea Eliade, según afirma en su libro *Chamanismo*, es el argumento esencial que permite redescubrir la historia espiritual de la humanidad:

> El hombre occidental no será capaz de vivir indefinidamente alejado de una parte importante de sí mismo, esa parte compuesta por los fragmentos de su historia espiritual cuyo significado y mensaje es incapaz de descifrar. Antes o después, el diálogo con los «otros» —los representantes de las culturas tradicionales asiáticas o «primitivas»— tendrá que llevarse adelante, no en el lenguaje empírico y utilitario de hoy (que solo es capaz de describir circunstancias económicas, políticas, médicas, etc.), sino en un lenguaje cultural capaz de expresar realidades humanas y valores espirituales. Tal diálogo es inevitable; está prescrito en el libro del destino histórico y sería trágicamente inocente imaginar que pueda mantenerse indefinidamente en el nivel mental en el que se está produciendo actualmente.

Al poner en práctica nuestros derechos humanos, el espíritu humano tiene la oportunidad de avanzar hacia el respeto de la rica diversidad que favorece el desarrollo de la democracia espiritual.

APÉNDICE A

El espíritu hablará a través de mi raza.
JOSÉ VASCONCELOS,
fundador de la educación moderna en México
(Moody, *The Indigenous Voice*)

CARTA INTERNACIONAL DE LOS DERECHOS HUMANOS DE ELEANOR ROOSEVELT*

Preámbulo: Declaración universal de derechos humanos

Considerando que la libertad, la justicia y la paz en el mundo tienen por base el reconocimiento de la dignidad intrínseca y de los derechos iguales e inalienables de todos los miembros de la familia humana.

Considerando que el desconocimiento y el desprecio a los derechos humanos han originado actos de barbarie que han soliviantado la conciencia de la humanidad; y que se ha proclamado, como aspiración más alta de la humanidad, el advenimiento de un mundo en el que los seres humanos, liberados de temor y miseria, disfrutarán de la libertad de palabra y de la libertad de creencias.

Considerando esencial que los derechos humanos estén protegidos por la ley para que el ser humano no se vea obligado a recurrir en último extremo a la rebelión contra la tiranía y la opresión.

---

* *International Bill of Human Rights*, Glen Ellen, CA; Entahistle Books, 1981.

Considerando también esencial promocionar el desarrollo de relaciones amistosas entre las naciones.

Considerando que los pueblos de las Naciones Unidas han reafirmado en la Carta su fe en los derechos humanos fundamentales, en la dignidad y el valor de las personas humanas y en la igualdad de derechos de hombres y mujeres, y han determinado promover el progreso social y elevar el nivel de vida dentro de un concepto más amplio de la libertad.

Considerando que los Estados Miembros se han comprometido a asegurar, en cooperación con las Naciones Unidas, el respeto universal y efectivo de los derechos humanos y de las libertades fundamentales.

Considerando que una concepción común de estos derechos y libertades es de la mayor importancia para el pleno cumplimiento de este compromiso.

LA ASAMBLEA GENERAL PROCLAMA:

La presente Declaración Universal de los Derechos Humanos como el ideal común por el que todos los pueblos y naciones deben esforzarse, a fin de que tanto los individuos como las instituciones, inspirándose constantemente en ella, promuevan mediante la enseñanza y la educación el respeto de estos derechos y libertades, y aseguren, con medidas progresivas de carácter nacional e internacional, su reconocimiento y aplicación efectivos y universales, tanto entre los pueblos de los Estados Miembros mismos como entre los territorios colocados bajo su jurisdicción.

Artículo 1

Todos los seres humanos nacen libres e iguales en dignidad y derechos. Están dotados de razón y conciencia y deben comportarse entre sí con un espíritu de hermandad.

Artículo 2

Toda persona tiene todos los derechos y libertades proclamados en esta Declaración, sin distinción de ningún tipo a causa de su raza, color, sexo, lengua, religión, opinión política o de otra índole, origen nacional o social, posición económica, nacimiento o cualquier otra condición.

Además, no se hará distinción alguna fundada en la condición política, jurídica o internacional del país o territorio de cuya jurisdicción dependa una persona, tanto si se trata de un país independiente, como de un territorio bajo administración fiduciaria, no autónomo o sometido a cualquier otra limitación de su soberanía.

Artículo 3

Todo individuo tiene derecho a la vida, a la libertad y a la seguridad de su persona.

Artículo 4

Nadie estará sometido a esclavitud ni servidumbre; la esclavitud y la trata de esclavos estarán prohibidos en todas sus formas.

Artículo 5

Nadie será sometido a tortura, ni a un trato o castigo cruel, inhumano o degradante.

Artículo 6

Todo ser humano tiene derecho, en todas partes, al reconocimiento de su personalidad jurídica.

Artículo 7

Todos son iguales ante la ley y tienen el mismo derecho a la misma protección legal sin ningún tipo de discriminación. Todos tienen derecho a la misma protección contra cualquier discriminación que infrinja esta Declaración y contra cualquier incitación a tal discriminación.

Artículo 8

Toda persona tiene derecho a un recurso efectivo, ante los tribunales nacionales competentes, que la ampare frente a actos que violen sus derechos fundamentales reconocidos por la constitución o por la ley.

Artículo 9

Nadie será sometido arbitrariamente a arresto, detención o exilio.

Artículo 10

Toda persona tiene derecho, en condiciones de plena igualdad, a ser oída públicamente y con justicia por un tribunal independiente e imparcial, para la determinación de sus derechos y obligaciones o para el examen de cualquier acusación contra ella en materia penal.

Artículo 11

1. Toda persona acusada de un delito penal tiene derecho a que se presuma su inocencia mientras no se pruebe su culpabilidad, conforme a la ley y en juicio público en el que disponga de todas las garantías necesarias para su defensa.

2. Nadie será condenado por actos u omisiones que en el momento de cometerse no fueran delictivos según el derecho nacional o internacional. Tampoco será aplicada una pena más grave que la aplicable en el momento de la comisión del delito.

Artículo 12

Nadie será objeto de injerencias arbitrarias en su vida privada, su familia, su domicilio o su correspondencia, ni de ataques a su honor o a su reputación. Toda persona tiene derecho a la protección de la ley frente a estas injerencias o ataques.

Artículo 13

1. Todo el mundo tiene derecho a circular libremente y a elegir su residencia en el territorio de un Estado.

2. Toda persona tiene derecho a salir de cualquier país, incluyendo el suyo propio, y a regresar a su país.

Artículo 14

1. En caso de persecución, toda persona tiene derecho a buscar y a disfrutar de asilo en cualquier país.

2. Este derecho no puede ser invocado contra una acción judicial originada por delitos comunes o por actos opuestos a los principios y propósitos de las Naciones Unidas.

Artículo 15

1. Toda persona tiene derecho a una nacionalidad.

2. Nadie será privado arbitrariamente de su nacionalidad ni le será negado el derecho a cambiar de nacionalidad.

Artículo 16

1. Los hombres y mujeres adultos tienen derecho, sin limitación de raza, nacionalidad o religión, a casarse y a fundar una familia; y disfrutarán de iguales derechos en cuanto al matrimonio, durante el matrimonio y en caso de disolución del matrimonio.

2. Solo mediante libre y pleno consentimiento de los futuros esposos podrá contraerse el matrimonio.

3. La familia es el elemento natural y fundamental de la sociedad, y tiene derecho a la protección social y estatal.

Artículo 17

1. Toda persona tiene derecho a la propiedad, individual y colectivamente.

2. Nadie será privado arbitrariamente de su propiedad.

Artículo 18

Toda persona tiene derecho a la libertad de pensamiento, de conciencia y de religión; este derecho incluye la libertad de cambiar de religión o creencia, así como también la libertad de manifestar su religión o creencia, individual y colectivamente, tanto en público como en privado, por la enseñanza, la práctica, el culto y la observancia.

Artículo 19

Todo individuo tiene el derecho a la libertad de opinión y de expresión; este derecho incluye el de no ser molestado a causa de sus opiniones, el de investigar y recibir informaciones y opiniones, y el de difundirlas, sin limitación de fronteras, por cualquier medio de expresión.

Artículo 20

1. Toda persona tiene derecho a la libertad de reunión y asociación pacíficas.

2. Nadie puede ser obligado a pertenecer a una asociación.

Artículo 21

1. Toda persona tiene derecho a participar en el gobierno de su país, directamente o a través de representantes libremente elegidos.

2. Toda persona tiene el derecho de acceso, en condiciones de igualdad, a las funciones públicas de su país.

3. La voluntad del pueblo es la base de la autoridad del poder público; esta voluntad se expresará mediante elecciones auténticas que se celebrarán periódicamente, por sufragio igualitario y universal, y por voto secreto u otro procedimiento equivalente que garantice la libertad de voto.

Artículo 22

Toda persona, como miembro de la sociedad, tiene derecho a la seguridad social y a obtener, mediante el esfuerzo nacional y la cooperación internacional, de acuerdo a la organización y recursos de cada Estado, la satisfacción de los derechos económicos, sociales y culturales indispensables a su dignidad y al libre desarrollo de su personalidad.

Artículo 23

1. Toda persona tiene derecho al trabajo, a elegir libremente su empleo, a unas condiciones equitativas y satisfactorias de trabajo, y a la protección contra el desempleo.

2. Toda persona tiene derecho, sin ningún tipo de discriminación, a igual salario por igual trabajo.

3. Todos los trabajadores tienen derecho a una remuneración equitativa y satisfactoria que les asegure, así como a sus familias, una existencia conforme a la dignidad humana, complementada, si es necesario, por otros medios de protección social.

4. Toda persona tiene derecho a fundar sindicatos y a asociarse a ellos para la protección de sus intereses.

Artículo 24

Toda persona tiene derecho al descanso, a disfrutar del tiempo libre, a una limitación razonable del horario laboral y a períodos de vacaciones pagadas.

Artículo 25

1. Toda persona tiene derecho a un nivel de vida adecuado que le asegure, así como a su familia, la salud y el bienestar, y en especial la alimentación, el vestido, la vivien-

da, la asistencia médica y los servicios sociales necesarios; tiene asimismo derecho a los seguros en caso de desempleo, enfermedad, incapacidad, viudedad, vejez y otros casos de pérdida de medios de subsistencia debidos a circunstancias que escapen a su voluntad.

2. La maternidad y la infancia tienen derecho a cuidados y asistencia especiales. Todos los niños, nacidos tanto dentro como fuera de la institución matrimonial, disfrutarán de la misma protección social.

Artículo 26

1. Toda persona tiene derecho a la educación. La educación debe ser gratuita, al menos en lo concerniente a la instrucción elemental y fundamental. La educación elemental será obligatoria. La educación técnica y profesional habrá de ser generalizada, y el acceso a la educación superior será igual para todos en función los méritos respectivos.

2. La educación tendrá por objeto el pleno desarrollo de la personalidad humana y el fortalecimiento del respeto a los derechos humanos y a las libertades fundamentales. Favorecerá la comprensión, la tolerancia y la amistad entre todas las naciones, grupos étnicos y religiosos, y promoverá el desarrollo de las actividades de Naciones Unidas para el mantenimiento de la paz.

3. Los padres tendrán derecho preferente a escoger el tipo de educación que se dará a sus hijos.

Artículo 27

1. Toda persona tiene derecho a participar libremente en la vida cultural de la comunidad, a disfrutar de las artes y a

participar en el progreso científico y en los beneficios que resulten de él.

2. Toda persona tiene derecho a la protección de los intereses morales y materiales que le correspondan por razón de las producciones científicas, literarias o artísticas de que sea autora.

Artículo 28

Toda persona tiene derecho a que se establezca un orden social e internacional en el que los derechos y libertades expresados en esta Declaración se hagan plenamente efectivos.

Artículo 29

1. Toda persona tiene deberes respecto a la comunidad puesto que solo en ella puede desarrollar libre y plenamente su personalidad.

2. En el ejercicio de sus derechos y en el disfrute de sus libertades, toda persona estará sujeta únicamente a aquellas limitaciones establecidas por la ley con el único propósito de asegurar el debido reconocimiento y respeto de los derechos y libertades de los demás y de cumplir las exigencias de la moral, del orden público y del bienestar general en una sociedad democrática.

3. Estos derechos y libertades no podrán ejercerse en ningún caso en contra de los propósitos y principios de las Naciones Unidas.

Artículo 30

Nada de la presente Declaración podrá interpretarse en el sentido de que confiere derecho alguno al Estado, a un grupo o a una persona, para emprender y desarrollar actividades o realizar actos tendentes a la supresión de los derechos y libertades proclamados en esta Declaración.

APÉNDICE B

> Lo que pone en marcha a los mundos es la interacción de las diferencias, sus atracciones y repulsiones. La vida es pluralidad, la muerte es uniformidad. Suprimiendo las diferencias y peculiaridades, eliminando las distintas civilizaciones y culturas, el progreso debilita la vida y favorece la muerte. El ideal de una sola civilización para todos implícito en el culto al progreso y a la técnica, nos empobrece y mutila. Cada visión del mundo que llega a extinguirse, cada cultura que desaparece, ¡elimina una posibilidad de la vida!
>
> OCTAVIO PAZ, *El laberinto de la soledad*

CONSEJO MUNDIAL DE LOS PUEBLOS INDÍGENAS: DECLARACIÓN DE PRINCIPIOS*

1. Todos los derechos humanos de los pueblos indígenas deben ser respetados. No se permitirá ningún tipo de discriminación hacia los pueblos indígenas.

2. Todos los pueblos indígenas tienen derecho a la autodeterminación. Gracias a este derecho pueden determinar libremente su desarrollo político, económico, social y cultural, de acuerdo con los principios expuestos en esta declaración.

3. Cada Estado nacional dentro del cual habiten pueblos indígenas reconocerá la población, territorio e instituciones pertenecientes a dichos pueblos.

---

* Ratificada por la Cuarta Asamblea General del Consejo Mundial de Pueblos Indígenas, en Panamá, 23-30 de septiembre de 1984.

4. Las culturas de los pueblos indígenas son parte del patrimonio cultural de la humanidad.

5. Los usos y costumbres de los pueblos indígenas deben ser respetados por los Estados nacionales y reconocidos como una fuente legítima de derechos.

6. Los pueblos indígenas tienen derecho a determinar qué persona(s) o grupo(s) se incluye(n) en su población.

7. Todos los pueblos indígenas tienen derecho a determinar la forma, estructura y jurisdicción de sus propias instituciones.

8. Las instituciones de los pueblos indígenas, al igual que las de los Estados nacionales, deben conformarse a los derechos humanos internacionalmente reconocidos, tanto individuales como colectivos.

9. Los pueblos indígenas y sus miembros individuales tienen derecho a participar en la vida política del Estado nacional en el que están ubicados.

10. Los pueblos indígenas tienen derechos inalienables sobre sus tierras tradicionales y sobre el uso de los recursos naturales que contienen. Todas las tierras y recursos que hayan sido usurpados, o tomados sin el consentimiento libre y consciente de los pueblos indígenas, les serán devueltos.

11. El derecho de los pueblos indígenas a sus tierras incluye: el suelo, el subsuelo, las aguas de los territorios costeros del interior y las zonas económicas costeras dentro de los límites especificados por la legislación internacional.

12. Todos los pueblos indígenas tienen derecho a usar libremente su riqueza natural y sus recursos para satisfacer sus necesidades de acuerdo a los principios 11 y 12 anteriores.

13. No se pondrá en práctica acción o proceso alguno que directa o indirectamente dé como resultado la destrucción de la tierra, el aire, el agua, los glaciares, la vida animal, el entorno o los recursos naturales, sin el consentimiento libre y debidamente informado de los pueblos indígenas afectados.

14. Los pueblos indígenas volverán a asumir sus derechos originales sobre su material cultural, lo que incluye zonas arqueológicas, artefactos, diseños y otras expresiones artísticas.

15. Todos los pueblos indígenas tienen derecho a ser educados en su propia lengua y a establecer sus propias instituciones educativas.

Las lenguas de los pueblos indígenas serán respetadas por los estados nacionales en su trato con estos sobre una base de igualdad y no discriminación.

16. Todos los tratados alcanzados a través de un acuerdo entre los pueblos indígenas y los representantes de los Estados nacionales tendrán completa validez frente a las leyes nacionales o internacionales.

17. Los pueblos indígenas tienen derecho, por virtud de sus tradiciones, a viajar libremente a través de las fronteras internacionales para poner en práctica actividades tradicionales y mantener sus vínculos familiares.

18. Los pueblos indígenas y las autoridades por ellos designadas tienen derecho a ser consultados y a autorizar la puesta en práctica de las investigaciones tecnológicas y científicas que se lleven a cabo dentro de sus territorios y a ser informados de los resultados de tales actividades.

19. Los principios anteriores constituyen los derechos mínimos de los que los pueblos indígenas son titulares, y deben ser complementados por todos los estados nacionales.

APÉNDICE C

La tierra y el cielo están en nosotros.
MAHATMA GANDHI
(Fox, *Original Blessing*)

HAUDENOSAUNEE, O LAS SEIS NACIONES DE LA CONFEDERACIÓN IROQUESA, DECLARACIÓN AL MUNDO - MAYO 1979*

La Declaración fue aprobada por el Consejo de las Seis Naciones de la Confederación Iroquesa el 27 de Abril de 1979 al inicio de un informe medioambiental. El Consejo pidió que la Declaración se reimprimiera para darle la «difusión más amplia posible».

La Haudenosaunee, o Confederación de las Seis Naciones Iroquesas, es uno de los gobiernos más antiguos del mundo que han tenido un funcionamiento ininterrumpido. Mucho antes de la llegada de los pueblos europeos a América del Norte, nuestros pueblos se reunieron en un consejo para poner en práctica los principios de coexistencia pacífica entre las naciones y el reconocimiento de los derechos de los pueblos a una existencia continua e ininterrumpida. Los pueblos europeos dejaron los fuegos de nuestros consejos y se aventuraron en el mundo para extender los principios de justicia y democracia que aprendieron de nosotros, y que han tenido un profundo efecto sobre la evolución del mundo moderno.

Esta primavera se conmemora el bicentenario de la Campaña Clinton-Sullivan, una invasión de nuestros territorios

---

* *Fuente: Akwesasne Notes* (Primavera, 1979).

que tuvo lugar durante la revolución americana, y cuya intención era destruir totalmente al pueblo de la Haudenosaunee. A su paso por nuestros territorios, los ejércitos americanos dejaron un sendero de «tierra arrasada» por el frenesí de la destrucción; tras ellos únicamente quedaron cenizas. Su acción fue tan feroz y malévola que devastaron los campos de maíz, talaron los árboles frutales, torturaron y asesinaron a las mujeres nativas y mataron a toda criatura viva que se cruzó en su camino.

La intención de los ejércitos de Estados Unidos en 1779 era la de destruir totalmente a los miembros de la Haudenosaunee, hasta el último hombre, mujer o niño. Con este fin, libraron una guerra contra nuestra población civil y tenemos muy claro que no solo les interesaba nuestra derrota política y militar, sino que estaban determinados a no descansar hasta nuestra aniquilación total. Sobrevivimos a aquel ataque y a muchos otros posteriores, pero estamos muy alarmados por los acontecimientos que han venido sucediendo en estos últimos doscientos años.

Hermanos y hermanas: Cuando los europeos invadieron nuestras tierras por primera vez, encontraron un territorio abundante y repleto de los generosos dones de la Creación. Incluso los soldados del general Sullivan se sentían anonadados por el territorio en el que habían entrado, una tierra en la que un hombre podía caminar todo el día sin ver el cielo; así de rico y sano era nuestro bosque. Era una tierra en la que las primeras ramas de los árboles estaban a quince metros del suelo y los árboles eran tan grandes que tres hombres adultos dándose la mano no podían abarcarlos. Las palabras de los soldados de Sullivan dan fe de lo que os hemos comentado: los ríos tenían tantos peces que a veces, incluso en arroyos amplios, no se podía ver el fondo.

La caza abundaba por todas partes y algunas veces los pájaros oscurecían el cielo como grandes nubes; tan enorme era su número. Nuestro país rebosaba de alces y ciervos, de osos y ratones; en aquellos tiempos éramos un pueblo feliz y próspero.

APÉNDICES

Hermanos y hermanas: Ahora nuestra Madre Tierra está envejeciendo. Ya no sustenta en sus pechos las abundantes bandadas de animales salvajes que una vez compartieron este lugar con nosotros y, actualmente, la mayor parte del gran bosque que es nuestro hogar ha desaparecido. Los bosques fueron talados hace un siglo para fabricar el carbón que alimentó las forjas de la Revolución industrial; la mayor parte de los animales salvajes fueron destruidos por cazadores deportivos y granjeros, y la mayoría de los pájaros han sido destruidos por los cazadores y los pesticidas que tanto abundan este siglo. Muchos de los ríos fluyen densos y sucios debido a los residuos de las grandes poblaciones de nuestro país. Vemos que la política de «tierra arrasada» no ha acabado.

Hermanos y hermanas: Nos sentimos alarmados ante las pruebas que tenemos ante nosotros. El humo de los centros industriales del Medio Oeste y de los que rodean los Grandes Lagos se eleva en mortíferas nubes y vuelve a la tierra en forma de lluvias ácidas que caen sobre las montañas Adirondack, y los peces no pueden reproducirse en las aguas ácidas. En las tierras altas de las montañas Adirondack, una gran quietud se extiende sobre los lagos porque ya no hay peces.

La gente que planta las tierras que hemos ocupado durante miles de años no muestra ningún amor por la vida de este lugar. Cada año plantan las mismas variedades de plantas y después deben rociarlas con venenos para matar a los insectos que las infestan de manera natural, porque no rotan las cosechas ni permiten que la tierra descanse. Los pesticidas matan a los pájaros y el veneno sobrante contamina las aguas superficiales.

También se ven obligados a rociar las demás plantas con herbicidas, y cada año el agua que cae sobre los campos lleva estos venenos a las cuencas fluviales de nuestro país y a las aguas de todo el mundo.

Hermanos y hermanas: Nuestras antiguas tierras acogen actualmente una serie de vertidos químicos. A lo largo del río Niágara, la dioxina, una sustancia particularmente mortal, amenaza la vida que queda en aquel paraje y la de las aguas que fluyen desde allí. Los departamentos forestales rocían los bosques que han sobrevivido con potentes insecticidas para favorecer el turismo de la gente que busca alejarse unos días o semanas de la ciudad, donde el aire es muy pesado debido a los sulfuros y al dióxido de carbono. Los insecticidas matan a la mosca negra, pero también destruyen gran parte de la cadena alimenticia de los pájaros, peces y animales que habitan estas regiones.

Los peces de los Grandes Lagos están infectados por el mercurio de las plantas industriales, y el flúor procedente de la industria del aluminio envenena la tierra y las personas. Las aguas residuales de los grandes centros de población se mezclan con los productos químicos presentes en las aguas de las cuencas de los Grandes Lagos y de los Lagos Finger, haciendo que, en la práctica, estas no sean seguras para ninguna criatura.

Hermanos y hermanas: Nos sentimos alarmados porque a lo largo del país se están construyendo una serie de plantas nucleares y porque en *Three Mile Island*, en la porción sur de nuestros territorios, ocurrió «un accidente» de los que pueden acelerar el fin de la vida en este lugar. Estamos consternados porque los depósitos de residuos nucleares de West Valley (Nueva York), situados río arriba, cerca de una de nuestras comunidades, está liberando sustancias radioactivas por nuestras tierras y en la cuenca del lago Erie. Nos sentimos ofendidos porque la información sobre la naturaleza de estas plantas nucleares solo es conocida por los más altos funcionarios de Estados Unidos, lo que deja a la gente sin armas para defenderse de la aparición de nuevas plantas y de la política de desarrollo de la energía nuclear.

Estamos seriamente preocupados por el bienestar y la supervivencia de nuestros hermanos y hermanas del Sudoeste y Noroeste que están expuestos a los peligros que supone la minería del uranio. Independientemente de que el equipamiento empleado sea fiable, este tipo de minería es la más contaminante de todas. Grandes cantidades de residuos de uranio de baja radiación han sido vertidos cerca de las ciudades y están siendo usados en los materiales de construcción de hogares y edificios públicos en toda el área del sudoeste. Ya han muerto algunos y se puede esperar que mueran muchos más.

Los defensores de la energía nuclear publican una declaración tras otra para informar a la gente de que los reactores nucleares tienen instaladas medidas de seguridad tan sofisticadas que un accidente que fundiera el reactor es la más remota de las posibilidades. Sin embargo, nosotros observamos que ninguna maquinaria o cualquier otro invento humano ha tenido validez permanente. Nada de lo que los humanos han construido, ni las pirámides de Egipto, han mantenido su propósito indefinidamente. La única verdad universal aplicable a los inventos humanos es que todos ellos fallan cuando les llega su hora. Los reactores nucleares también serán víctimas de esta verdad.

Hermanos y hermanas: No podemos expresar adecuadamente el horror y la repulsa que sentimos cuando vemos las políticas que practican la industria y el gobierno de Estados Unidos, que amenazan con destruir toda vida. Nuestros antepasados predijeron que el *estilo de vida europeo* crearía un desequilibrio espiritual en el mundo, y que la tierra envejecería como resultado de ese desequilibrio. Ahora todo el mundo puede ver que las fuerzas productoras de vida están sufriendo una inversión y el potencial de vida está abandonando esta tierra. Solo personas cuyas mentes están tan torcidas que no pueden percibir la verdad son capaces de actuar de una manera que amenace a las futuras generaciones de seres humanos.

Hermanos y hermanas: Os señalamos el sendero espiritual de la rectitud y la razón. Queremos traer a vuestra consideración el hecho de que los seres humanos que están en su sano juicio desean sobre todo promocionar la vida en todos sus aspectos. Os proponemos que la paz no es la mera ausencia de guerra, sino el esfuerzo constante por mantener una coexistencia armoniosa entre los pueblos, entre los individuos y entre los seres humanos y las demás criaturas que pueblan el planeta. Os señalamos que el sendero de la supervivencia para la raza humana es la conciencia espiritual.

Los que caminamos sobre la Madre Tierra ocupamos este lugar durante un breve lapso de tiempo. Nuestro deber como seres humanos es el de preservar la vida presente para beneficio de las generaciones futuras.

Hermanos y hermanas: Los Haudenosaunee estamos determinados a emprender las acciones que sean necesarias para detener la destrucción de nuestra Madre Tierra. En nuestros territorios seguimos cumpliendo nuestra función de guardianes espirituales de la tierra. En el ejercicio de esta función no podemos quedarnos y no nos quedaremos inactivos cuando el futuro de las generaciones por venir está siendo sistemáticamente destruido. Reconocemos que la lucha es larga y que no podemos esperar ganarla si estamos solos. Para ganar, para asegurar el futuro, debemos unir nuestras manos con las de los que piensen como nosotros y hacer fuerza a través de la unidad. Con estas palabras conmemoramos doscientos años de injusticia y de destrucción del mundo.

APÉNDICE D

EL USO DEL TÉRMINO «ABORIGEN AMERICANO»*

La realidad más opresiva con que se encuentran los pueblos aborígenes en América del Norte es la consciente y persistente falta de voluntad de la población de Estados Unidos para reconocer que los pueblos aborígenes son miembros de las naciones en las que han nacido. El argumento de que los pueblos aborígenes no son miembros de sus propias naciones ha sido utilizado muchas veces como racionalización para negar el derecho de los mismos a la tierra, al agua y a su estilo de vida (y medios de vida). De hecho, las maquinarias legales de Estados Unidos y Canadá han afirmado repetidamente que estos pueblos nativos o bien no tienen el estatus de nación, o que sus naciones tienen una relación especial con Estados Unidos gracias a la cual tienen menos derecho a la tierra, a los recursos, e incluso a la cultura, que el que tendría cualquier otra persona. En este hemisferio se han aplicado políticas que llegaban a afirmar que los miembros de estos pueblos no eran seres humanos a nivel legal, porque sus pueblos no tenían el estatus de nacionalidades reconocidas, y por tanto, no tenían ningún derecho.

Los jóvenes de Estados Unidos deben sensibilizarse a las políticas racistas que han oprimido a los pueblos aborígenes de todo el mundo y les deben animarse a identificarlas. El término nativo americano es, en y por sí mismo, un término aparentemente inocuo, pero se utiliza de una forma que in-

> Nuestras preferencias nos llevan al uso del término «pueblos aborígenes» en lugar de «nativos americanos» porque sentimos que es más preciso.

---

* *Fuente: Akwesasne Notes* (Primavera, 1977).

fiere, por muy inocente que sea el autor, que los pueblos aborígenes son de alguna forma exactamente iguales a los demás americanos «con guión» (chino-americanos, polaco-americanos, etc.). Esto en sí no sería objetable, pero los pueblos aborígenes son, de hecho, miembros de sus naciones respectivas y la negación de los derechos de estas como naciones separadas y diferentes, con sus correspondientes territorios, soberanía, cultura y poder sobre su propia vida, ha sido la base de gran parte de la política racista en el hemisferio occidental. Debido a estos precedentes históricos, nuestras preferencias nos llevan a usar términos tales como «pueblos aborígenes» en lugar de nativos americanos, ya que pensamos que es un término mucho más preciso.

APÉNDICE E

En el lugar de donde vengo decimos que el ritmo es el alma de la vida,
porque todo el universo gira en torno al ritmo, y cuando lo perdemos, es cuando nos metemos en problemas.
Por esta razón, el tambor, junto con la voz humana, es nuestro instrumento más importante. Es especial.

BABATUNDE OLATUNJI, percusionista nigeriano

EL VIAJE DEL TAMBOR*

El viaje del tambor

¿Por qué las tradiciones orales de muchas culturas indígenas dicen que la percusión en general y el ritmo de los tambores en particular facilitan la comunicación con el mundo espiritual? Nevill Drury, en *The Elements of Shamanism*, escribe: «Hay algo que nunca deja de sorprenderme, y es que después de aproximadamente una hora de tocar los tambores, la gente normal de ciudad es capaz de conectar con realidades míticas extraordinarias con las que nunca han soñado».

En la primavera de 1986, mientras realizaba los cursos de doctorado en el Instituto de Psicología Transpersonal,

---

* Resumido por Melinda C. Maxfield, de su disertación doctoral, *Effects of Rhythmic Drumming on EEG and the Subjective Experience*. Presentado ante la facultad del Instituto de Psicología Transpersonal, Menlo Park, California, 1991.

realicé mi primer «viaje de tambores». La asignatura se llamaba «Chamanismo», una síntesis de los principios universales que están presentes en la sabiduría de las culturas aborígenes, y lo daba Angeles Arrien, una antropóloga intercultural especializada en el folklore vasco. Me pidieron que decidiera qué mundo quería visitar, el superior o el inferior. Decidí viajar al mundo inferior en busca de mi animal de poder. Debía imaginar una entrada apropiada a ese mundo inferior y debía preguntar a cualquier animal que apareciera ante mí si era mi animal de poder. El animal de poder reaparecería tres o cuatro veces, o mantendría la conexión conmigo.

Para mí aquel viaje fue muy profundo. Experimenté imágenes visuales y somáticas muy vívidas, que representaban temas clásicos del chamanismo y también temas arquetípicos. Me sentí intrigada. En mi paradigma no existía nada que explicase «el funcionamiento de aquel mundo» y las poderosas imágenes y reacciones emocionales que desataba en mí. Quiero decir que, después de todo, yo estaba en medio de un barrio residencial de Menlo Park, en California, en un aula con muchos otros estudiantes y eran las tres de la tarde. ¿Cómo podía haber ocurrido aquello? Y, por otra parte, ¿qué era el chamanismo exactamente?

Chamanismo y el viaje chamánico

Roger Walsh, en *The Spirit of Shamanism*, define el chamanismo como una «familia de tradiciones cuyos practicantes se dedican a entrar voluntariamente en estados de conciencia alterada, en los que experimentan que ellos, o sus espíritus, viajan a otros reinos a voluntad e interactúan con otras entidades para servir a su comunidad».

Los chamanes también son conocidos como los «técnicos de lo sagrado» y los «maestros del éxtasis». El chamán puede viajar al mundo superior o al inferior. Entre las imágenes tradicionalmente vinculadas con un viaje al mundo superior se encuentran: escalar una montaña, un promontorio rocoso, un arcoiris, subir a un árbol, a una escalera, etc...; ascender al cielo, volar y encontrarse con un maestro o guía. El viaje al mundo superior puede ser particularmente extático. En el viaje al mundo inferior, el chamán puede experimentar imágenes y escenas en las que entra en la tierra a través de una cueva, un tronco hueco, un agujero en el agua, un túnel, o un tubo y se encuentra con su animal de poder y sus animales aliados. El mundo inferior suele ser un lugar de pruebas y desafíos.

Para realizar el viaje chamánico, el chamán entra en un estado de conciencia alterada específico que requiere permanecer alerta y consciente. En este estado es capaz de moverse a voluntad entre la realidad ordinaria y la no ordinaria. Michael Harner lo ha denominado Estado Chamánico de Conciencia (ECC). Existen varias técnicas para entrar en el ECC, entre las que se cuentan la privación de estímulos sensoriales, el ayuno, la fatiga, la hiperventilación, el baile, el canto o recitación, tocar tambores, la exposición a temperaturas extremas, el uso de alucinógenos, y la disposición y los escenarios prescritos por las creencias y ceremonias rituales de la cultura.

Viaje de tambores

Tres años y muchos viajes de tambores después, decidí aprender a tocar el tambor. Se me unieron varios amigos y nos juntábamos para practicar regularmente. En un momento dado yo me pregunté si sería posible poner música de tambor al *I Ching*. Sí, lo fue. El *I Ching*, o *Libro de los Cambios*, es un antiguo libro de sabiduría china que consta de 64 hexagramas; cada hexagrama está relacionado con aspectos de las energías arquetípicas o universales. Cada hexagrama contiene seis líneas; estas líneas son continuas (—) o discontinuas (- -). Derivamos pautas de los hexagramas: las líneas continuas representaban una nota de tambor completa y las discontinuas media nota. Interpretamos musicalmente el *I Ching*, escribimos su música y llevamos a la gente de viaje.

Pero la pregunta persistía: ¿por qué el sonido de los tambores facilita unas experiencias tan fuertes? ¿Cómo podría esta herramienta ser utilizada en psicoterapia? ¿En el trabajo con los sueños? ¿En la sanación?

A partir de mis propias experiencias subjetivas, me planteé la hipótesis de que entraba en un estado de conciencia alterada de algún tipo que estaba relacionado con la meditación, pero no era exactamente igual a ella. Si esto era cierto, entonces posiblemente podría comprobarlo midiendo la actividad eléctrica del cerebro en una máquina de electroencefalogramas (EEG). Charles Tart define el estado de conciencia alterada (ECA) como aquel estado en el que un individuo dado «siente claramente un cambio *cualitativo* en su pauta de funcionamiento mental; es decir, no solo siente un cambio cuantitativo (más o menos alerta, más o menos imágenes visuales, más precisión o más opacidad, etc.), sino que también alguna cualidad o cualidades de sus procesos mentales son *diferentes*».

Me preguntaba qué pasaría si tomaba algunos sujetos inocentes, gente que no supiera nada de chamanismo ni de viajes con tambores, los introducía en un laboratorio de biorretroalimentación y los hacía experimentar el sonido de tambores. ¿Podrían asociarse ciertos ritmos de los tambores con pautas específicas de las ondas cerebrales? ¿Suscitaría la experiencia subjetiva de la percusión en general, y del ritmo de tambores en particular, imágenes o sensaciones con un tema común? Mientras escribía mi propuesta de disertación doctoral decidí que, si no era aceptada, llevaría a cabo el experimento por mi cuenta. Aquel tema de disertación «me había encontrado a mí».

Frecuencia de las ondas cerebrales y EEG

Para comprender los resultados de esta investigación es necesario conocer previamente algunos datos básicos sobre la frecuencia de las ondas cerebrales y los EEG. El EEG es un instrumento que produce un dibujo de las distintas pautas de las ondas cerebrales. Las ondas de los EEG se clasifican midiendo cuántas veces se repite una onda determinada en el período de un segundo; a esta medida se le conoce como frecuencia de onda. La frecuencia de las ondas se mide en ciclos por segundo, o hercios (Hz), que dependen de la longitud de onda. Por ejemplo, a una onda que complete tres ciclos por segundo se le llama onda de 3 hercios (Hz) o simplemente de 3 por segundo.

Nuestras ondas cerebrales muestran cuatro pautas o *bandas de frecuencia* fundamentales: delta, theta, alfa, y beta. Delta (por debajo de 4 Hz) es la onda más larga y lenta; se repite menos de cuatro veces por segundo. Esta onda está asociada con el sueño y con la inconsciencia.

Las ondas theta (de 4 a 8 Hz) están normalmente asociadas con estados de somnolencia cercanos a la inconsciencia, tales como el umbral que se atraviesa antes de caer dormido o antes de despertar. Este ritmo también está conectado con estados de ensueño y con imágenes hipnológicas, es decir, pertenecientes a los sueños. Estas imágenes suelen ser sorprendentes. A mucha gente le resulta difícil mantener la conciencia en estados theta sin contar con algún tipo de entrenamiento, tal como la meditación.

Las ondas alfa (de 8 a 13 Hz) están asociadas con estados de relajación y bienestar general. Este estado alfa aparece generalmente en la región occipital del cerebro (el córtex visual) cuando los ojos están cerrados. La conciencia se mantiene alerta pero sin estar enfocada, o se orienta hacia el mundo interno.

Las ondas beta (más de 13 Hz) están asociadas con la atención activa y enfocada hacia el mundo exterior, tal como ocurre en las actividades diarias. Las ondas beta también son propias de estados de tensión, ansiedad, miedo y alarma.

Las investigaciones realizadas han confirmado que las prácticas espirituales como el yoga y la meditación producen cambios en la actividad eléctrica del cerebro, que llevan a aumentar la presencia de los ritmos alfa y/o tetha, y se ha descubierto que el ritmo tetha caracteriza a los meditadores veteranos. Estos meditadores son capaces de mantener su autoconciencia intacta y de permanecer alerta en este «estado crepuscular de conciencia».

Teoría y especulación

No fui la única que se había preguntado por la conexión existente entre los tambores y el reino espiritual. Otros investigadores, como el antropólogo R. Needham, se planteaban cuestiones semejantes. Él declaró que «la descripción más común, que se encuentra una y otra vez en la literatura etnográfica, dice que el chamán toca el tambor para establecer contacto con los espíritus», y «se ha descubierto que en todo el mundo la percusión, cualquiera que sea la forma en que se produzca, permite y acompaña la comunicación con el otro mundo». Needham se pregunta: «¿Cómo puede uno encontrar sentido a la asociación entre la percusión y el mundo espiritual?», y afirma: «Esta pregunta parece que no ha sido planteada... simplemente, ¿por qué se toca el tambor y por qué ese sonido rítmico es esencial para poder comunicar con los poderes espirituales?».

Este es un fenómeno universalmente observado y está bien documentado, pero aún no se le ha encontrado explicación. Sin embargo, existen muchas teorías y especulaciones: ¿son causados los efectos de los tambores por elementos del condicionamiento cultural, por la imaginación, por la superstición? ¿Se trata del ritmo, de la monotonía? ¿Existe también un proceso fisiológico paralelo? Hasta la fecha, hay una cantidad muy limitada de investigaciones científicas sobre los efectos fisiológicos y neurológicos de los tambores. La estimulación acústica producida por los tambores no había sido estudiada hasta los trabajos pioneros de Andrew Neher. Supuestamente, sus investigaciones confirmaron la teoría de que el ritmo de los tambores puede actuar como un mecanismo de direccionalidad auditiva que pone al cerebro en una frecuencia que resuena con los estímulos auditivos externos; sin embargo, algunos piensan que sus descubrimientos no son fiables porque no tuvo en cuenta las distorsiones relacionadas con la movilidad de los sujetos sometidos al experimento.

Wolfgang Jilek, cuando investigaba las frecuencias contenidas en las danzas rituales de los indios salish, descubrió que la frecuencia predominante en el ritmo de los tambores era de cuatro a siete ciclos por segundo, la misma frecuencia de las ondas tetha en el cerebro humano. Propuso la hipótesis, como lo había hecho Neher antes que él, de que esta frecuencia sería la ayuda más eficaz para entrar en un estado de conciencia alterada.

Una enorme cantidad de literatura etnográfica cita los muchos y variados usos del tambor dentro de las actividades seculares y religiosas de muchas culturas. Los usos específicos de este instrumento son tan diversos como las culturas que los emplean. Entre estos usos se incluyen los rituales y las ceremonias relacionados con ciertas celebraciones anuales, como la cosecha y la siembra, curaciones y sacrificios, observaciones celestiales como el solsticio y el equinoccio, ritos de paso (como el nacimiento, la muerte, la iniciación, el matrimonio), procesiones, ritos lunares, preparaciones para la caza o la guerra, etc. Cada cultura tiene sus propios ritmos que se incorporan a los rituales y ceremonias.

El uso de tambores durante el «viaje chamánico» es algo diferente de los demás usos, y los practicantes afirman que los tambores son imprescindibles para su trabajo chamánico. Dicen que utilizan los tambores para entrar en un estado alterado de conciencia y viajar a otros reinos y realidades, interactuando con el mundo de los espíritus en beneficio de su comunidad. Según su testimonio, van montados en el tambor para viajar por el aire; es su «caballo», su «puente arco iris» entre el mundo físico y el mundo espiritual. Mircea Eliade, autor de *Shamanism: Archaic Techniques of Ecstasy*, destaca el hecho de que «el tambor chamánico se distingue de todos los demás instrumentos en que producen 'la magia del sonido' precisamente por el hecho de que permite la experiencia extática». Los tambores chamánicos, en la mayoría de los casos, marcan un ritmo constante y monótono de entre 3 y 4,5 golpes por segundo.

Dentro del laboratorio

Mis investigaciones fueron llevadas a cabo con ayuda de la tecnología en biorretroalimentación del MindCenter Corporation. Este sistema multiusuario está compuesto de cuatro módulos, cada uno de los cuales está diseñado para bloquear los estímulos externos y la luz. Los participantes permanecieron tumbados, que es la postura tradicionalmente utilizada en el viaje. Cada módulo contiene un sistema de sonido. Desde estos módulos, se hace un seguimiento de las ondas cerebrales theta, alfa y beta en cuatro lugares diferentes del córtex. Los canales bipolares (izquierda y derecha) fueron registrados por medio de electrodos situados en los cuatro emplazamientos corticales: lóbulos parietotemporales izquierdo y derecho, y lóbulos parietocentrales izquierdo y derecho.

Se dividió a los doce participantes en tres grupos y se hizo un seguimiento de sus respuestas en el EEG a tres cintas de tambores diferentes, que yo y mis compañeros habíamos grabado en un estudio de sonido comercial. Estas cintas contenían: sonido de tambores chamánicos, con un ritmo de aproximadamente entre 4 y 4,5 golpes por segundo; sonido de tambores expresando el *I Ching*, al ritmo aproximado de entre 3 y 4 golpes por segundo; y sonido de tambores libres, sin ritmo fijo. A cada participante se le efectuó un seguimiento de los cuatro emplazamientos corticales, las áreas bilaterales parietotemporales y parietocentrales, durante tres sesiones. No se propuso ninguna preparación para los «viajes»; se pidió a los participantes que se relajaran, que escucharan las cintas de tambores y que trataran de estar quietos, ya que cualquier movimiento corporal probablemente crearía distorsiones.

Al final de las sesiones, cada participante preparó un breve resumen escrito de su experiencia subjetiva y seguidamente se le realizó una entrevista que fue grabada en una cinta. A continuación, estas experiencias subjetivas fueron clasificadas en función de los temas recurrentes y de los asuntos de consenso.

Resultados

Esta investigación confirma las teorías que sugieren que el uso de tambores en rituales y ceremonias por parte de las culturas indígenas *tiene efectos neurofisiológicos específicos y es capaz de suscitar cambios temporales en la actividad eléctrica cerebral* y, por tanto, facilita la aparición de imágenes y una posible entrada en un estado de conciencia alterada (ECA), especialmente en un estado chamánico de conciencia (ECC).

El ritmo de entre 4 y 4,5 golpes por segundo es el que mejor induce las ondas tetha. Siete de los doce participantes mostraron patrones de ondas tetha en diversos grados durante la exposición al sonido de los tambores chamánicos.

El sonido de tambores en general y el sonido de tambores rítmicos en particular, a menudo *induce imágenes de contenido ceremonial y ritualista y es una herramienta eficaz para entrar en un estado de conciencia alterada (ECA), incluso cuando se desvincula del marco del ritual cultural y de la intención ceremonial.* Es interesante señalar que los doce participantes percibieron algún tipo de imágenes visuales y/o somáticas. Para ocho de estas personas las imágenes fueron vívidas. Este hecho demuestra claramente la fuerza del sonido de tambores en general, y de los ritmos chamánicos e *I Ching* en particular, a la hora de inducir y potenciar la capacidad de percibir imágenes. Proponemos la hipótesis de que el aumento en la capacidad de percibir imágenes es un resultado directo de la mayor presencia de la frecuencia theta.

El ritmo de los tambores, expresado en golpes por segundo, puede correlacionarse con los cambios temporales ocurridos en la frecuencia de las ondas cerebrales (expresada en ciclos por segundo) y/o en la experiencia subjetiva, *siempre que el ritmo de los tambores se mantenga al menos entre trece y quince minutos.* En muchos casos, el ritmo de aumento o disminución de la frecuencia se acelera en el minuto nueve, siendo este efecto más perceptible en los casos de las ondas *tetha* y *alfa*. Según las observaciones de campo y los informes subjetivos, el período de tiempo que la mayoría de los sujetos necesitan para ser afectados/inducidos por el sonido de tambores parece estar entre los trece y los quince minutos. Generalmente, se percibe un rápido aumento o disminución de las ondas *theta* y/o *alfa* hasta el minuto quince, y se mantiene a continuación un aumento o disminución gradual hasta el minuto veinte. Estos datos confirman lo descubierto por las investigaciones realizadas en el campo de la meditación en cuanto al tiempo requerido para la respuesta fisiológica óptima y, según Angeles Arrien, también se corresponden con las enseñanzas orales de algunas culturas indígenas en lo que respecta a la estimulación auditiva.

El sonido de tambores suscita experiencias subjetivas e imágenes que tienen temas comunes. Las primeras doce categorías son los temas comunes, tal como han sido sintetizados a partir de los informes orales y escritos realizados por los participantes después de sus experiencias en una o más sesiones con el sonido de los tambores. Estos incluyen:

Pérdida del *continuum* temporal (PCT)

Siete de los doce participantes fueron conscientes e informaron de que habían perdido su *continuum* temporal, por lo que no tenían una sensación clara de la duración de la sesión.

Sensaciones de movimiento

Esta categoría incluye las experiencias en el campo de las sensaciones corporales:

— el cuerpo o partes del cuerpo vibran y se expanden;
— se siente presión sobre el cuerpo o sobre ciertas partes del cuerpo, especialmente en la cabeza, la garganta y el pecho;
— movimientos de energía en forma de olas a lo largo del cuerpo;

— sensaciones de volar, de girar en espiral, de bailar, de correr, etc.

Diez de los doce participantes experimentaron «sensaciones de movimiento» de uno o varios tipos.

Energización

Nueve de los doce participantes mencionaron específicamente que se habían sentido energizados durante y/o inmediatamente después de la sesión de tambores.

Fluctuaciones de temperatura (frío/calor)

Seis de los doce participantes experimentaron cambios repentinos de temperatura (escalofríos, sentirse inundados por una sensación de calidez, sudor).

Relajación, agudeza/claridad

Cinco de los doce participantes notaron que se sentían particularmente relajados, agudos y claros. Esta sensación correspondía a una falta de emotividad.

Incomodidad

Cinco de los doce participantes mencionaron específicamente que experimentaban distintos grados de incomodidad emocional o física.

Experiencias de salida del cuerpo (ESC)/visitaciones

Tres de los doce participantes declararon haber tenido la experiencia de salir del módulo o de ser visitados por una presencia o persona durante la sesión. Esta categoría se diferencia del «viaje» porque las imágenes chamánicas tradicionales no estaban presentes.

Imágenes

Imágenes vívidas: Los doce participantes percibieron imágenes. Ocho de ellos comentaron haber experimentado imágenes vívidas, visuales o sensoriales (somáticas).

Aborígenes: Nueve de los doce participantes vieron o sintieron aborígenes africanos, tahitianos, esquimales o americanos. Generalmente, estos aborígenes estaban participando en rituales y/o ceremonias que incluían el baile, los cantos o recitaciones, la caza o tocar tambores.

Animales/Paisajes: Siete de los doce participantes informaron de una gran variedad de animales y de imágenes de paisajes.

Personas: Nueve de los doce participantes vieron imágenes de sus amigos infantiles o de personas importantes de su pasado, maestros «sin rostro», no-aborígenes tocando el tambor, rostros no identificados, etc.

Viaje: Cinco de los doce participantes incluyeron en sus descripciones imágenes típicas de los viajes chamánicos, tales como atravesar un agujero o cueva, salir disparado a través de un tubo o de un túnel que dibujaba una espiral hacia arriba o hacia abajo, ser iniciado, escalar un árbol invertido, la aparición de animales de poder y de aliados ayudantes.

Estados no ordinarios o estados de conciencia alterada (ECA)

La mayoría de los participantes, en una o más de las sesiones, fueron conscientes del hecho de que había tenido lugar un cambio cualitativo en su funcionamiento mental, y los doce temas sintetizados de los informes orales o escritos de los participantes mantienen una correlación con los rasgos descritos por Ludwig, que suelen ser característicos de los ECA. Ocho de los doce participantes experimentaron al menos un episodio que fue un viaje, una salida fuera del cuerpo, o una visita; los datos proporcionados sugieren que en estos casos alcanzaron estados de conciencia alterada (ECA). Hubo un total de trece episodios de este tipo dentro de las treinta y cinco sesiones individuales.

Honrar todos los caminos

Parece que las tradiciones orales que vinculan el sonido de tambores con las realidades no ordinarias son válidas. ¿Cuántas otras tradiciones espirituales disponen de herramientas que podemos usar para sanar nuestro cuerpo, mente y espíritu? Ya no podemos permitirnos descartarlas como productos de una imaginación exaltada, de la superstición o directamente de la psicopatología y la charlatanería.

La mayoría de las culturas indígenas no separan los procesos psicológicos de los espirituales. Charles Tart destaca el hecho de que «muchos pueblos primitivos... creen que casi todos los individuos adultos son capaces de entrar en trance y ser poseídos por un dios; el adulto que no es capaz de hacerlo está tarado psicológicamente». Michael Harner afirma lo siguiente: «Es extremadamente difícil que se emita un juicio imparcial sobre la validez de las experiencias en estados de conciencia alterada... Las personas que tienen más prejuicios contra el concepto de realidad no ordinaria son las que nunca la han experimentado».

Ha llegado el momento de tender un puente entre disciplinas separadas y a menudo aisladas como la medicina, la psicología, la religión, la antropología, la etnomusicología, la ciencia, la sociología, etc. Si los investigadores de cada una de estas áreas siguen trabajando en el vacío de su propia disciplina, puede que nunca se llegue a descubrir la naturaleza exacta de ciertos fenómenos que están siendo indicados insistentemente.

LISTA DE ILUSTRACIONES

El arte rupestre y sus antiquísimos diseños son los motivos artísticos elegidos para decorar todo este libro porque el arte rupestre se encuentra en todos los continentes. Estos diseños, que parecen al mismo tiempo antiguos y modernos, sirven para recordarnos los profundos orígenes de la humanidad.

Introducción

Página 16: *Lauburu.* Es una palabra/símbolo vasco que quiere decir «cuatro cabezas» (cruz vasca precristiana). Foto: Jane English, tomada en el País Vasco.

Página 19: *Lauburu.* Dibujo de Catalin Voda Dulfu.

Página 28: Pintura rupestre. *Inaouanrhat,* desierto del Sahara, África. Fuente: Douglas Mazanowicz. *Voices from the Stone Age: A Search for Cave and Canyon Art* (Nueva York, Thomas Y. Crowell Company, 1974), página 164.

El camino del guerrero

Página 30: *La diosa con cuernos.* Tassili, Aouarhet, Sahara central, Norte de África. Fuente: Henri Lhote, *The Search for the Tassili Frescoes.* Traducido del francés al inglés por Alan Houghton Brodrick (Nueva York, E. P. Dutton & Co, 1959), página 89.

Página 31: *Guerrero de rodillas.* Fuente: Douglas Mazonowicz, *Voices from the Stone Age: A Search for Cave and Canyon Art* (Nueva York, Thomas Y. Crowell Company, 1974), página 59.

Página 45: *La gente árbol.* Pinturas sobre roca. Dona Clotilde Shelter, región de Albarracín, España. Fuente: Mazonowicz, *Voices from the Stone Age,* página 87.

Página 46: *Posturas Chiltan.* Izquierda: Menhin, Colombia, fechada en el año 1000 a.C. Derecha: Hirschlanden, Baden-Wuerttemberg, Alemania. Cultura Hallstatt, año 600 a.C. Fuente: Felicitas D. Goodman, *Where the Spirit Rides the Wind* (Bloomington, Indiana University Press, 1990), páginas 119 y 157.

Página 50: *Figura de pie.* Arte rupestre, Petrified Forest National Park, Arizona. Fuente: Mazonowicz, *Voices from the Stone Age*, página 176.

Página 52: *Figura saltando el fuego.* Pintura sobre roca. Sefar, desierto del Sahara, Norte de África. Fuente: Mazonowicz, *Voices from the Stone Age*, página 159.

El camino del sanador

Página 60: *Reconstrucción de una escena de recolección de miel.* Pintura sobre roca. Araña, España. Fuente: Douglas Mazonowicz, *Voices from de Stone Age: A Search for Cave and Canyon Art* (Nueva York, Thomas Y. Crowell, 1974), página 92.

Página 61: *Espíritu del ciervo.* Fuente: Mazonowicz, *Voices from de Stone Age,* página 139.

Página 63: Figura humana en círculo. Fuente: Jorge Enciso, *Designs from Pre-Colombian Mexico* (Nueva York, Dover, 1971), página 29.

Página 75: Izquierda: *Figura con hojas.* Pinturas sobre roca. Sefar, Tassili, desierto del Sahara, Norte de África. Derecha: *Mano sosteniendo un árbol.* Arte de los cañones. Barrier Canyon, Utah. Fuente: Mazonowicz, *Voices from the Stone Age*, páginas 136 y 181.

Página 80: *Figura reclinada.* Pintura sobre roca. Sefar, Tassili, desierto del Sahara, Norte de África. Fuente: Mazonowicz, *Voices from the Stone Age*, página 137.

Página 82: *Figura de chamán,* pintura sobre pared de cañón. Sudeste de Utah. Fuente: Mazonowicz, *Voices from the Stone Age*, página 197.

LISTA DE ILUSTRACIONES 185

El camino del vidente

Página 88: *Figura pintada.* Arte de los cañones. Ribera baja del río Pecos, Utah (tomado de una foto de Alan Gingritch). Fuente: Douglas Mazonowicz, *Voices from de Stone Age: A Search for Cave and Canyon Art* (Nueva York, Thomas Y. Crowell, 1974), página 179.

Página 89: *Pequeño ojo. La diosa de los ojos.* Cultura Almería-Los Millares, asentamiento almizaraque, Almería, España; primera mitad del tercer milenio antes de nuestra era. Fuente: Marija Gambutas, *The Language of the Goddess* (San Francisco, Harper & Row, 1990), página 54.

Página 108: *Figura caminando.* Pintado sobre roca. Canadá. Fuente: Mazonowicz, *Voices from de Stone Age,* página 195.

Página 110: *La diosa de los ojos.* Cultura Almería-Los Millares, asentamiento almizaraque, Almería, España; primera mitad del tercer milenio aC. Fuente: Marija Gambutas, *The Language of the Goddess*, página 54.

Página 113: *Instrumento musical africano.* De la exposición itinerante: «Formas sonantes: Instrumentos musicales africanos», 1989, patrocinada por la American Federation of Arts, Nueva York. Fuente: Colección del Museé National des Arts, París. Copyright Photo R. M. N.

El camino del maestro

Página 116: *Dos figuras en círculo.* Pintura rupestre. Inaouanrhat, desierto del Sahara, África. Fuente: Douglas Mazonowicz, *Voices from de Stone Age: A Search for Cave and Canyon Art* (Nueva York, Thomas Y. Crowell, 1974), página 164.

Página 117: *Motivo de ola.* Fuente: Joseph D'Addetta, *Treasury of Chinese Design Motifs* (Nueva York, Dover, 1981), página 51.

Página 122: *Figuras de espíritus ancestrales.* Barrier Canyon, Utah. Fuente: Mazonowicz, *Voices from de Stone Age*, página 170.

Página 126: *Músicos de percusión.* Tassili, África. Fuente: Mazonowicz, *Voices from de Stone Age*, página 137.

Página 130: *Figura sentada con las piernas cruzadas.* Pintura sobre roca. Sefar, Tassili, desierto del Sahara, Norte de África. Fuente: Mazonowicz, *Voices from de Stone Age*, página 137.

Página 132: *Figura sosteniendo un escudo.* Grabado. Dinosaur National Monument, Colorado. Fuente: Mazonowicz, *Voices from de Stone Age*, página 184.

Cuadros resumen

Páginas 53, 83, 111 y 133: *Cuadros resumen.* Centro de los cuatro cuadrados de los cuadros resumen: variante del signo del gusano azul (Xonecuilli). Fuente: Jorge Enciso, *Designs from Pre-Columbian Mexico* (Nueva York, Dover, 1971).

Páginas 29, 59, 87, 115 y 140: *Esquemas circulares.* Diseñadora: Constance King. Centro: Los diseños cuádruples que representan el giro de los grandes círculos de la vida suelen estar compuestos de cuatro círculos o huevos alrededor de un centro común, como en el caso de este cuenco de finales del período Cucuteni. Cucuteni B2 (Buznea cerca de Peatra Neamt, Moldavia; 3700-3500 antes de nuestra era). Fuente: Marija Gimbutas, *The Language of the Goddess* (San Francisco, Harper & Row, 1990), página 297.

Apéndices

Páginas 143, 155, 166, 168: *Imágenes de manos estarcidas.* Gargas, Aventignan, Francia. Fuente: Douglas Mazonowicz, *Voices from de Stone Age: A Search for Cave and Canyon Art* (Nueva York, Thomas Y. Crowell, 1974), página 21.

OTRAS OBRAS DE ESTA MISMA EDITORIAL

EN ESTA EDITORIAL

MORIR PARA SER YO
Mi viaje a través del cáncer y la muerte hasta el despertar y la verdadera curación

Anita Moorjani

Un relato esclarecedor de lo que nos aguarda tras la muerte y el despertar final. Uno de los testimonios espirituales más lúcidos y poderosos de nuestro tiempo.

A lo largo de más de cuatro años, el avance implacable de un cáncer llevó a Anita a las puertas de la muerte y hasta lo más profundo de la propia morada de la muerte.

LA LIBERACIÓN DEL ALMA
El viaje más allá de ti

Michael A. Singer

«Michael Singer pone a nuestro alcance la esencia de las grandes enseñanzas espirituales de todas las edades. Cada capítulo de *La liberación del alma* es una instructiva meditación sobre las ataduras de la condición humana y de cómo se pueden desatar delicadamente todos y cada uno de sus nudos para que el alma pueda volar en libertad».

JAMES O'DEA,
Presidente del Instituto de Ciencias Noéticas

EL DESPERTAR DE LA SHAKTI
El poder transformador de las diosas del yoga

Sally Kempton

En *El despertar de la Shakti* encontrarás meditaciones, visualizaciones, mantras, enseñanzas y preciosos relatos con los que podrás activar la energía de la feminidad divina en todos los aspectos de tu vida. Conocer las cualidades divinas femeninas favorecerá tu apertura espiritual y te ayudará a amar más profundamente y sin temor, a crear con maestría, y a moverte por el mundo con efectividad y deleite.

EN ESTA EDITORIAL

TÚ ERES LA MEDICINA
Las 13 lunas de sabiduría indígena, conexión ancestral y guía de los espíritus animales
Asha Frost

La medicina que llevas muchas vidas buscando está dentro de ti: solo tienes que seguir el camino de las 13 lunas ojibwa, con la guía de los espíritus animales y los ancestros, para activar tu conexión con tu propio y exclusivo poder sanador. Mediante cuentos, ceremonias y viajes chamánicos a lo largo de estas páginas aprenderás a beneficiarte de la sabiduría ancestral de una forma respetuosa con las vidas y las tradiciones de los pueblos indígenas.

LA RUEDA DEL TIEMPO
Los Chamanes del antiguo México y sus pensamientos acerca de la Vida, la Muerte y el Universo
Carlos Castaneda

La rueda del tiempo sintetiza la sabiduría perenne de los chamanes del antiguo México tal y como le fue transmitida a Carlos Castaneda por su maestro y mentor don Juan Matus. La valiosa aportación de este libro radica en que vertebra las asombrosas y fascinantes enseñanzas que Carlos Castaneda fue hilando en ocho libros a lo largo de veintiún años.

LOS CUATRO ACUERDOS
Miguel Ruiz

Basadas en el libro *Los cuatro acuerdos*, de Don Miguel Ruiz (éxito de ventas mundial), las 48 cartas de esta baraja proporcionan un sencillo pero poderoso código de conducta para conseguir la libertad personal y la auténtica felicidad.

Hay 12 cartas para cada uno de los cuatro acuerdos: Estas cartas te ayudarán a transformar tu vida y a recuperar tu auténtica conciencia y sabiduría.

En esta editorial

CUANDO TODO SE DERRUMBA
Palabras sabias para momentos difíciles
Pema Chödrön

Esta obra cálida, llena de aliento y de consejos sabios, nos recuerda que la vida es un buen maestro y un buen amigo; y que los momentos difíciles de nuestra vida, aquellos en los que uno se siente descentrado y todo parece derrumbarse, son precisamente una situación ideal para librarnos de lo que nos mantenía atrapados y para abrir nuestro corazón y nuestra mente más allá de los antiguos límites.

EL ARTE DE ENSOÑAR
Carlos Castaneda

«Don Juan», escribe Carlos Castaneda en el prólogo, «era un intermediario entre el mundo natural de la vida diaria y el mundo invisible, uno que él no llamaba lo sobrenatural, sino la segunda atención. Su tarea de maestro fue hacerme accesible esta configuración. En mis trabajos previos he descrito sus métodos de enseñanza, al igual que las prácticas que me hizo ejercitar, la más importante de las cuales fue, sin duda, el arte de ensoñar…».

EL QUINTO ACUERDO
Miguel Ruiz

Basadas en El quinto acuerdo, estas 48 cartas ofrecen una perspectiva más amplia de Los cuatro acuerdos, además de aportar un quinto acuerdo nuevo y poderoso que nos permitirá transformar nuestra vida en un paraíso personal. Estas cartas nos trasladan a un nivel más profundo de conciencia del poder del Yo Verdadero y nos llevan a recuperar la autenticidad con la que nacimos, brindándonos el mayor regalo que podemos otorgarnos: darnos la libertad de ser quien realmente somos.